W0225411

Birgit Adam

Business Englisch

Argumentieren
Korrespondieren
Verhandeln

Mit Illustrationen von Martin Ring

GONDROM

© Gondrom Verlag GmbH, Bindlach 2004
Konzept und Producing: twinbooks, München
Redaktion: twinbooks, München (Gabi Lange)
Abbildungen: twinbooks, München (Martin Ring)
Covergestaltung: Method Art Design, Christian von Proeck, München
Umschlagfoto: Method Art Design, Christian von Proeck, München

Alle Rechte vorbehalten: Kein Teil des Werks darf ohne schriftliche Einwilligung des Verlages in irgendeiner Form (Fotokopie, Mikrofilm oder ein anderes Verfahren) reproduziert oder unter Verwendung elektronischer Systeme verarbeitet, vervielfältigt oder verbreitet werden.

Die Ratschläge in diesem Buch sind vom Verlag sorgfältig erwogen und geprüft, dennoch kann eine Garantie nicht übernommen werden. Eine Haftung des Verlages und seiner Beauftragten für Personen-, Sach- und Vermögensschäden ist ausgeschlossen.

013

ISBN 3-8112-2257-0

5 4 3 2 1

Inhalt

6 Einleitung

8 Die Ist-Situation: Bestandsaufnahme
8 Selbsteinschätzung: Wie gut kann ich Englisch?

14 Die Ziel-Situation: Wohin soll es gehen?
14 Das Anforderungsprofil
16 Die Ziele: Das will ich beherrschen
18 *Extra-Tipp: Wichtiges ganz kurz*

20 Telefonieren
20 Die richtige Vorbereitung
21 Selbst anrufen
23 Anrufe entgegennehmen
24 Anrufbeantworter besprechen
26 Nachrichten hinterlassen
27 Buchstabieren von Zahlen und Wörtern
29 Wortschatz
33 Vokabelliste: Rund ums Telefon

34 Korrespondenz: Brief, Fax und E-Mail
34 Formale Gesichtspunkte
35 Anrede
37 Betreff
37 Datum
38 Adresse
39 Höflichkeitsfloskeln
44 Wortschatz
47 Vokabelliste: Rund um die Korrespondenz
48 *Extra-Tipp: Besuch empfangen*

50 Besprechungen und Präsentationen
50 Gesprächsvorbereitung
51 Gesprächseröffnung
52 Tagesordnung
53 Gesprächsführung
54 Unterbrechen
55 Meinungsverschiedenheiten
56 Überleiten und zusammenfassen
57 Gesprächsabschluss
58 Wortschatz
65 Vokabelliste: Rund um Besprechungen und Präsentationen
66 *Extra-Tipp: Firmenstrukturen*

68 Auftrag, Bestellung & Co.
68 Anfragen
72 Angebote
72 Preise
73 Auftragsbestätigung
74 Transport und Versand
75 Zahlungen und Bank
76 Mahnungen, Verzögerungen und Probleme
78 Beschwerden
79 Wortschatz
84 Vokabelliste: Rund um Bestellung, Auftrag & Co.
88 *Extra-Tipp: Eigene Firma und Tätigkeit vorstellen*

90 Reisen und Messen
90 Terminvereinbarungen
91 Reservierungen
92 Verkehrsmittel
94 Im Hotel
95 Messevorbereitungen
96 Messegespräche

99 Wortschatz
103 Vokabelliste: Rund um Reisen und Messen
106 *Extra-Tipp: Political Correctness*

108 Smalltalk und geschäftliche Einladungen
109 Gespräche einleiten
111 Themen, über die Sie sprechen können oder die Sie besser meiden sollten
115 Essen mit Geschäftspartnern
118 Wortschatz
121 Vokabelliste: Rund ums Restaurant

122 Service
122 Glossar
124 Adressen und Websites
126 Frequently Asked Questions
128 Register

Einleitung

Gute Englischkenntnisse spielen im Beruf eine immer wichtigere Rolle: Zwar reicht Schulenglisch aus, um Informationen aus dem Internet zu beschaffen oder im Restaurant ein Essen zu bestellen – und unbekannte Wörter können Sie nachschlagen oder vermeiden. Anders dagegen sieht es aus, wenn Sie den amerikanischen Geschäftspartner anrufen oder per E-Mail mit einer britischen Firma die günstigsten Transportbedingungen verhandeln. Frischen Sie Ihr Business Englisch auf, um sich stets adäquat ausdrücken zu können. Dann müssen Sie keine Sorge haben, den Geschäftspartner durch eine falsche, ungewollt unhöfliche Bemerkung vor den Kopf zu stoßen.

Es geht nicht nur um Vokabeln und Redewendungen. Eine Sprache ist immer ein Teil der Kultur eines Landes. Wenn wir mit Menschen aus den USA, Großbritannien oder Australien sprechen, haben wir also nicht nur mit reinen Sprachproblemen zu kämpfen, sondern auch mit kulturellen Unterschieden, Gewohnheiten, moralischen Einstellungen und Verhaltensweisen, die für Sie erst zu lernen sind.

Dieses Buch hilft Ihnen dabei,

- den Stand Ihrer Sprachkenntnisse einzuschätzen,
- im beruflichen Alltag mit Ihrem Englisch einen positiven Eindruck zu hinterlassen,
- mit Smalltalk Ihre ausländischen Gesprächspartner für sich zu gewinnen,
- kulturelle Eigenheiten zu erkennen und sich darauf einzustellen.

Sie können Ihre sprachlichen Kenntnisse systematisch verbessern, auch wenn Englisch nie wie Ihre Muttersprache sein wird. Es lohnt auf jeden Fall, an sich zu arbeiten – beruflich wie privat.

Die Ist-Situation: Bestandsaufnahme

Bevor Sie mit der Lektüre dieses Buches beginnen, sollten Sie sich mit Ihren Englischkenntnissen auseinander setzen. Dabei spielt es oft gar keine Rolle, wie viele Jahre Sie in der Schule Englisch gelernt haben. Selbst jemand, der einen Englisch-Leistungskurs besucht hat, kann sich überfordert fühlen, einen englischen Geschäftsbrief zu schreiben. Die Vokabeln und Konventionen solcher Briefe gehören nicht zum Lehrplan in der Schule. Wichtig ist vor allem, dass Sie gewisse Grundkenntnisse der englischen Grammatik haben – und ein Buch wie dieses.

Selbsteinschätzung: Wie gut kann ich Englisch?

Die folgenden Tests helfen Ihnen, Ihre Englischkenntnisse einzustufen. Zudem werden Ihnen Fehlerquellen aufgezeigt, die für Deutsch-Muttersprachler typisch sind.

Test 1: Word order

Bei den folgenden Sätzen und Fragen sind die Wörter durcheinander geraten. Bringen Sie die Wörter in die richtige Reihenfolge.

- pleasant – have – a – flight – you – did?
- explain – you – that – me – could – please – to?
- message – on – Mr – I – pass – to – Mackenzie – will – your.

- working – how – you – company – been – this – have – long – for?
- Mackenzie – available – the – at – not – Mr – is – moment.

Lösung:

- Did you have a pleasant flight?
- Could you explain that to me, please?
- I'll pass your message on to Mr Mackenzie.
- How long have you been working for this company?
- Mr Mackenzie is not available at the moment.

TIPP

Lernen Sie kurze Sätze auf Englisch auswendig. Das hilft Ihrem Sprachgefühl auf die Sprünge.

Test 2: Adjektiv oder Adverb?

Wissen Sie noch den Unterschied zwischen Adjektiv und Adverb aus Ihrer Schulzeit? Ein Adjektiv beschreibt, wie etwas oder jemand ist, zum Beispiel: Peter ist sehr vorsichtig. Ein Adverb dagegen beschreibt, wie etwas gemacht oder getan wird, zum Beispiel: Peter fährt sehr vorsichtig. Im Deutschen gibt es hier keinen Unterschied und genau deshalb machen wir hier auch oft Fehler. Im Englischen wird nämlich an ein Adjektiv ein »-ly« angehängt, um ein Adverb zu bilden: »Peter is very careful.«, aber »Peter drives very carefully.«

Nun sind Sie an der Reihe: Welche Form ist richtig?

- Mr Mackenzie lives in an expensive/expensively house in Glasgow.
- Samantha Jones, his secretary, can speak five languages fluent/fluently.
- In her spare time she plays tennis. She's an excellent/excellently player.

- Mr Mackenzie is very busy/busily. He sometimes argues loud/loudly with his wife.

Lösung:

- expensive; fluently; excellent; busy; loudly

Test 3: False Friends

False Friends sind englische Wörter, die deutschen Ausdrücken ähneln, aber etwas anderes bedeuten. Suchen Sie die passenden Übersetzungen für die folgenden Sätze:

TIPP
Bringen Sie False Friends auf kleinen Zetteln im Bad an. Sie können im Vorübergehen lernen!

- Dieses Buch ist wirklich gut. Was meinst du?
- Mr Mackenzie hat 50 Pfund für wohltätige Zwecke gespendet.
- Mein Chef ist gerade beschäftigt.
- Er ist ein sehr sensibler Mensch.
- Haben Sie einen Prospekt Ihrer Firma?
- Wo kann ich einen Stadtplan bekommen?

Lösung:

- This book is really good. What do you think? (mean = bedeuten)
- Mr Mackenzie has donated 50 pounds to charity. (spend = ausgeben)
- My boss is very busy. (chef = Koch)
- He's very sensitive. (sensible = vernünftig)
- Do you have a brochure of your company? (prospect = Aussicht)

- Where can I get a map of the town? (become = werden)

Achtung! Ein beliebter False Friend ist unser Handy. Auch wenn es noch so englisch klingt, ein Mobiltelefon heißt »mobile phone« (in Großbritannien und Australien) oder »cell phone« (in den USA).

Test 4: »Since« oder «for«?

Im Englischen gibt es zwei Möglichkeiten, »seit« auszudrücken. »Since« wird verwendet, wenn ein konkreter Zeitpunkt angegeben wird, zum Beispiel »since Christmas«. »For« dagegen bezeichnet einen Zeitraum, zum Beispiel »for the past few weeks«. Ergänzen Sie die folgenden Sätze!

TIPP
Üben Sie jeden Tag 15 Minuten Mustersätze zu grammatischen Problemen.

- Mr Mackenzie has been working for this company _______ three years.
- We've been waiting for your call _______ Friday.
- I haven't seen him ______ last week.
- Sally Owens hasn't had a holiday _________ six months.
- She has been working ______ 7 a.m. this morning.

Lösung:

- for; since; since; for; since

Test 5: Simple oder Progressive Form?

Eine typische Fehlerquelle ist der Unterschied zwischen der Simple Form (zum Beispiel »Peter plays football every week«) und der Progressive Form (zum Beispiel »Peter is playing football«). Eine kurze und knappe Faustregel lautet: Die Progressive Form bezeichnet einen Zustand, der noch andauert, die Simple Form dagegen eine regelmäßige Handlung. Ergänzen Sie die folgenden Sätze!

- Samantha Jones ___________ (type) a letter at the moment.
- Mr Mackenzie ______________ (talk) to Claudia Müller on the phone. He ________ (talk) every week.
- When the weather is nice, Ms Jones often ________ (play) tennis.
- Ms Jones, are you busy at the moment? Yes, I __________ (write) an e-mail to our German partner.
- Samantha jones usually ________ (listen) to the radio at work, but right now she ___________ (not listen) because she has a headache.

Lösung:

- is typing; is talking; talks; plays; am writing; listens; isn't listening

Test 6: Simple Past oder Present Perfect?

Große Schwierigkeiten bereiten uns auch die zwei Formen der englischen Vergangenheit: das Simple Past (zum Beispiel »Yesterday I went shopping«) und das Present Perfect (zum Beispiel »I've booked a table at the restaurant«). Auch hier gibt es eine kurze Faustregel: Das Simple Past bezeichnet einen Vorgang in der Vergangenheit, der abgeschlossen ist, das Present Perfect dagegen einen Vorgang, dessen Ergebnis sichtbar ist oder der bis in die Gegenwart andauert.

TIPP
Englischsprachige Zeitungs- und Zeitschriftenartikel können Sie auch im Internet lesen.

- Look, I ____________ (buy) a new jacket. I _______ (buy) it at a shop in Queen's Road.

- ______ you _______ (call) Mr Mackenzie, yet? Yes, I _______ (call) him this morning.
- Mr Mackenzie __________ (move) to Glasgow ten years ago.

Lösung:

- have bought; bought; have you called; called; moved

Diese kleinen Tests zeigen Ihnen, in welchen Bereichen Sie noch Schwierigkeiten haben. Wenn Sie große Lücken feststellen, kann es sinnvoll sein, sich mit einem Übungsbuch oder einem Volkshochschulkurs weiterzubilden. Dieser Weg eignet sich vor allem dann, wenn Sie ihre Englischkenntnisse oft am Telefon anwenden müssen und keine Zeit haben, die korrekte Formulierung nachzuschlagen. Dieses Buch wird Sie ein gutes Stück in der englischsprachigen Geschäftswelt weiterbringen.

TIPP
Lesen Sie regelmäßig eine englische Zeitung, zum Beispiel »The Times«. Grammatik und Satzstellung prägen sich durch die häufige Wiederholung beim Lesen gut ein.

Die Ziel-Situation: Wohin soll es gehen?

Eigentlich ist Ihr Ziel klar: Sie wollen Ihre Englischkenntnisse bei allen geschäftlichen Situationen in passender Weise anwenden können. Doch bevor Sie sich in die Arbeit stürzen, sollten Sie Ihre Ziele ein wenig genauer definieren. Gibt es Bereiche, in denen Sie besonders arbeiten müssen? In welchen Situationen werden Sie das Business English hauptsächlich brauchen? Und wie viel Zeit möchten Sie in den Sprachunterricht investieren?

Das Anforderungsprofil

Im letzten Kapitel haben Sie eine gründliche Bestandsaufnahme Ihrer Englischkenntnisse vorgenommen. Sie werden gemerkt haben, in welchen Bereichen Sie bereits gut zurechtkommen und woran Sie noch etwas arbeiten müssen. Nun gilt es herauszufinden, wo Sie Ihre Sprachkenntnisse hauptsächlich einsetzen wollen. Wenn Sie sich diese Bereiche klar gemacht haben, können Sie konkrete Lernziele festsetzen. Die sprachliche Fertigkeit setzt sich aus mehreren Fähigkeiten zusammen.

Grundsätzlich unterscheidet man in jeder Fremdsprache vier große Lernbereiche:

- Hörverständnis,
- mündliche Ausdrucksfähigkeit,
- Leseverständnis,
- schriftliche Ausdrucksfähigkeit.

Das Hörverständnis

Haben Sie häufig mit englischen Geschäftspartnern am Telefon zu tun oder empfangen ausländische Besucher in Ihrem Unternehmen? Dann sollten Sie auch verstehen, was diese zu Ihnen sagen, ohne ständig nachzufragen. Es ist gar nicht so einfach, auf Anhieb den Sinn einer Äußerung zu verstehen. Denn manche Dialekte, zum Beispiel Schottisch oder Irisch, haben mit unserem Schulenglisch wenig zu tun und klingen für uns sehr ungewohnt. Hier hilft nur eines: So viel Englisch hören wie möglich. Versuchen Sie zum Beispiel auf die Texte englisch gesungener Lieder zu achten, lesen Sie bei einer CD die Texte mit oder schauen Sie sich Filme im Original an. Fahren Sie sooft wie möglich ins englischsprachige Ausland.

TIPP
Ihr Hörverständnis können Sie ganz hervorragend trainieren, wenn Sie Ihren Lieblingsfilm in der Originalfassung anschauen.

Mündliche Ausdrucksfähigkeit

Sie sollten auf die Äußerungen Ihrer Geschäftspartner auch adäquat antworten können. Am besten üben Sie zum Beispiel bei einer Sprachreise oder an einem Stammtisch mit Muttersprachlern. Oder sprechen Sie mit Ihrem Partner oder Haustier einmal einen ganzen Tag lang nur Englisch! Zur mündlichen Ausdrucksfähigkeit gehört nicht nur ein umfangreiches Vokabular und die Kenntnisse der Grammatik. Auch über kulturelle Gepflogenheiten der englischsprachigen Länder, zum Beispiel über die Höflichkeitsfloskeln, sollten Sie Bescheid wissen.

Leseverständnis

Müssen Sie viel Fachliteratur auf Englisch lesen, Korrespondenz bearbeiten oder Verträge studieren? Dann werden Sie Ihr Leseverständnis trainieren müssen. Lesen Sie so viel wie möglich – ganz egal, ob es sich um die »Times« oder einen Kitschroman handelt. Zusätzlich sollten Sie sich natürlich das wichtigste

Fachvokabular aneignen, sodass Sie nicht ständig im Wörterbuch blättern müssen. Die wichtigsten Worte und Wendungen finden Sie in diesem Buch.

Schriftliche Ausdrucksfähigkeit

In den eben genannten Situationen werden Sie auch Ihre schriftliche Ausdrucksfähigkeit trainieren müssen. Sie sollten wissen, wie ein englischer beziehungsweise amerikanischer Geschäftsbrief aussieht und die wichtigsten Worte und Redewendungen rund um Ihr Arbeitsgebiet parat haben. Sie haben hier den Vorteil, dass Ihnen nicht jedes Wort sofort auf der Zunge liegen muss, sondern, dass Sie immer noch in einem Wörterbuch schnell nachschlagen können.

TIPP

Nehmen Sie sich zur Übung selbst auf Leerkassette auf. So erhalten Sie einen realistischen Eindruck von Ihrer Redefertigkeit.

Die Ziele: Das will ich beherrschen

Setzen Sie sich klare Ziele, wenn Sie Ihr Business English verbessern oder auffrischen wollen, zum Beispiel:

Ich möchte,

- dass ich englische Anrufer am Telefon verstehe und ihnen die gewünschte Auskunft erteilen kann.
- dass ich in einer englischen oder amerikanischen Firma anrufen, mein Anliegen schildern und nach dem zuständigen Gesprächspartner fragen kann.
- dass ich Termine mit englischsprachigen Geschäftspartnern vereinbaren, verschieben oder absagen kann.

Ich erwarte,

- dass ich bei Besprechungen oder Verhandlungen meine Position klar machen kann.

MERKE: **Sind Sie sich über Ihre Ziele im Klaren, so können Sie sich einzelne Bereiche des Business English vornehmen und gezielt daran arbeiten. Für das Hörverständnis und die mündliche Ausdrucksfähigkeit können Sie zusätzliche Angebote wie zum Beispiel einen Konversationskurs an der Volkshochschule oder an einer Sprachschule nutzen.**

- dass ich eine Geschäftsreise ins Ausland organisieren kann.
- dass ich Hotelzimmer reservieren und Flüge buchen kann.
- dass ich Messegespräche führen kann.

Ich würde begrüßen,

- wenn ich mich im Smalltalk mit ausländischen Kunden und Geschäftspartnern sicher fühle.
- wenn ich meine Firma und meinen Tätigkeitsbereich vorstellen könnte.
- wenn ich frei sprechen könnte und mich in der englischen Sprache fast ebenso sicher fühlen würde wie im Deutschen.

TIPP

Notieren Sie sich, wozu Sie Ihr Englisch verbessern wollen, auf einen Zettel. So verlieren Sie Ihre Ziele nicht aus dem Blick.

Wichtiges ganz kurz

Höflichkeit wird im Umgang mit britischen oder amerikanischen Geschäftspartnern besonders groß geschrieben. Daher gilt: Besser einmal zu viel »sorry« oder »thank you« gesagt als einmal zu wenig.

Das Wörtchen »Bitte«

Für das Wort »Bitte« gibt es im Englischen eine ganze Reihe verschiedener Ausdrücke. Wenn man etwas haben möchte, wird »please« verwendet; zum Beispiel »Could you pass me the salt, please?« Geben Sie jemandem etwas, zum Beispiel das Salz so sagen Sie »Here you are.« oder »There you go.« Ist »Bitte« dagegen eine Entgegnung auf ein »Danke«, so sagen Sie »You‘re welcome.« Und zu guter Letzt: Wenn Sie etwas nicht verstanden haben und nachfragen müssen, so sagen Sie »Pardon?« oder auch »Sorry?«

Begrüßung

Die Begrüßung erfolgt mit »Good morning« (bis mittags), »Good afternoon« (bis circa 18.00 Uhr, im Winter auch früher), danach mit »Good evening«. In Australien verwendet man auch »Good Day« (geschrieben oft auch »G'Day«). »Hello« und »Hi« passen für jede Zeit, sind allerdings eher informell.

How are you & Co.

Nach der Begrüßung folgt die Floskel »How are you?« Sie antworten mit: »Fine, thanks. And you?« Detaillierte Auskünfte über Ihre momentane körperliche und seelische Verfassung sind hier nicht erwünscht. Auf die vor allem in Großbritannien verbreitete Frage »How do you do?« antwortet man ebenfalls mit »How do you do?«

Vorstellung

Kennen Sie Ihren Gesprächspartner noch nicht, so sollten Sie sich vorstellen – dies verlangt die Höflichkeit. Fragen Sie »Excuse me, can I (US: may I) introduce myself? I'm ... from ...«

Verabschiedung

Die Verabschiedung erfolgt unabhängig von der Tageszeit mit »Goodbye« (Auf Wiedersehen) oder »Bye« (Tschüss). Auch »See you later« hört man oft, selbst wenn Sie den Gesprächspartner vermutlich nie wiedersehen werden. Ganz höflich sind Sie, wenn Sie Ihrem Abschiedsgruß ein »It's been nice meeting you.« oder »It's been nice talking to you.« hinzufügen. Sagt jemand so etwas zu Ihnen, entgegnen Sie: »Yes, you too.«

TIPP

Großbritannien ist nicht gleich England. Auch Schotten und Waliser wollen nicht in einen Topf geworfen werden. Mit der Bezeichnung British sind Sie auf der sicheren Seite.

Tabuwörter

Es ist schwierig, die Wirkung von Schimpfwörtern in einer Fremdsprache zu beurteilen. Vor allem in Großbritannien stößt man Geschäftspartner mit einem »shit« oder einem »bloody« unter Umständen ganz schön vor den Kopf. Verzichten Sie daher lieber auf Kraftausdrücke.

Uhrzeit

Zeitangaben wie zum Beispiel: 14.15 Uhr findet man in den USA und Großbritannien höchstens auf Fahrplänen oder an Flughäfen. Die Stunden werden von eins bis zwölf gezählt und mit dem Zusatz a.m. (= ante meridiem, vor Mittag) beziehungsweise p.m. (= post meridiem, nach Mittag) genauer bestimmt. 12.00 Uhr mittags wäre also 12.00 p.m., 16.20 entspricht 4.20 p.m. und so weiter.

Telefonieren

Nicht selten wird mit einem Telefongespräch der erste Kontakt zu einem potenziellen Kunden oder Geschäftspartner hergestellt. Von seinem Gelingen hängt also ab, ob eine Zusammenarbeit zustande kommt oder nicht. Deshalb ist es besonders wichtig, dass Sie am Telefon stets einen guten Eindruck hinterlassen, auch wenn Sie dabei nicht Ihre Muttersprache verwenden. Wie das geht, erfahren Sie in diesem Kapitel.

Die richtige Vorbereitung

Grundsätzlich sollten Sie sich auf jedes Telefonat – egal, in welcher Sprache es abläuft – gut vorbereiten. Besonders sorgfältig sollten Sie allerdings bei einem Anruf in einer Fremdsprache vorgehen, denn schließlich müssen Sie sich hier nicht nur auf den Inhalt des Telefonats konzentrieren, sondern zusätzlich noch manche sprachliche Hürde überwinden.

TIPP

Legen Sie sich Notizblock und Stift bereit, sodass Sie die wichtigsten Punkte des Gesprächs mitschreiben können.

Es hilft auch, wenn Sie vor dem Gespräch eine Art Drehbuch entwerfen. Formulieren Sie Ihr Anliegen, legen Sie fest, welche Punkte Sie im Laufe des Telefonats ansprechen wollen, und welches Ergebnis das Gespräch bringen soll. Sie können sich dazu auch einige Ausdrücke und Wörter für die einzelnen Gesprächsphasen notieren, sodass Sie im entscheidenden Augenblick nicht um die passenden Worte verlegen sind. Zu diesen Wendungen sollten auch Sätze gehören, mit denen Sie Ihrem Gesprächspartner vermitteln können, dass Ihre Englischkenntnisse vielleicht nicht ganz so perfekt sind.

Selbst anrufen

TIPP
Am besten erreichen Sie Ihren Gesprächspartner zwischen 9.00 und 17.00 Uhr. Vergessen Sie aber die Zeitverschiebung nicht!

Wenn Sie selbst einen britischen oder amerikanischen Geschäftspartner anrufen, so haben Sie einen entscheidenden Vorteil: Sie können sich auf den Anruf vorbereiten. Nutzen Sie diesen Vorteil also auch.

Fallbeispiel 1: Claudia Müller ruft in der Zentrale einer britischen Firma an, um einen Termin auszumachen.

Müller:	*Good morning, this is Claudia Müller from Huber & Söhne speaking. I'd like to speak to Mr Mackenzie, please. Could you put me through to him?*
Zentrale:	*Yes, of course, Just a moment, please.*
Mackenzie:	*Good morning, Ms Müller. How nice to hear from you. How can I help you?*
Müller:	*I'm sorry, but I have to postpone our appointment on Thursday. Would Friday be okay for you as well?*
Mackenzie:	*Let me see. Yes, that's possible. What time would be best for you?*
Müller:	*What about 10 a.m.?*
Mackenzie:	*Yes, that's fine. Let's make it 10 a.m. on Friday then.*
Müller:	*Thank you for your help, Mr Mackenzie: Goodbye.*
Mackenzie:	*It's been nice talking to you, Ms Müller. Goodbye.*

Zeitverschiebung

Großbritannien:	– 1 Stunde
USA:	– 6 bis 9 Stunden
Neuseeland:	+ 10 Stunden
Australien:	+ 5 bis 7 Stunden
Kanada:	– 6 Stunden

Fallbeispiel 2: Markus Wegner ruft bei der Firma Hudson & Co. in New York an, weil er wissen möchte, ob es dort Praktikumplätze für deutsche Studenten gibt.

Zentrale: *Hudson & Co., Jane speaking. How can I help you?*

Wegner: *Good morning, this is Markus Wegner speaking. Could you put me through to your personnel department, please?*

Zentrale: *May I ask you what this call is about?*

Wegner: *I would like to know if you offer internships to German students.*

Zentrale: *Just a moment, please. I'll put you through to Mr Smith.*

Smith: *How can I help you, Mr Wegner?*

Wegner: *I'm a student from Germany and I'm interested in an internship with your company. Do you take foreign students at all?*

Smith: *Well, that depends on your qualifications and your working knowledge of English. Why don't you have a look at our website? You'll find all the information you need there.*

Wegner: *Thank you very much for your help. Goodbye.*

Smith: *You're welcome. Goodbye.*

ACHTUNG! Ein britisches Freizeichen klingt anders als bei uns und kann von einem deutschen Anrufer leicht als besetzt gedeutet werden. Es tutet zweimal kurz aufeinander, gefolgt von einer kurzen Pause, also: tut tut ... tut tut ... tut tut usw.

Anrufe entgegennehmen

Das Telefon klingelt, Sie werfen einen Blick auf Ihr Display – und sehen eine englische oder amerikanische Vorwahl. Jetzt heißt es, blitzschnell das Gehirn auf Englisch umzuschalten. Damit es zu keinen sprachlichen Missverständnissen kommt, sollten Sie einige wichtige Redewendungen immer parat haben.

Zuerst müssen Sie sich am Telefon melden, damit Ihr Gesprächspartner weiß, mit wem er es zu tun hat. Sicherlich gibt es in Ihrer Firma diesbezüglich bestimmte Gepflogenheiten. Übertragen Sie diese so gut es geht ins Englische. Dazu kommt immer noch eine Höflichkeitsfloskel, zum Beispiel die Frage, was man für den Anrufer tun kann.

Hat der Anrufer seinen Namen genannt und sein Anliegen vorgebracht, so können Sie nun auf ihn eingehen oder ihn an den zuständigen Mitarbeiter weiterverbinden.

TIPP
Telefonieren Sie mit Ihren Freunden hin und wieder auf Englisch. So wird Ihnen das Englische am Telefon vertraut und Sie werden »im Ernstfall« umso sicherer auftreten.

Fallbeispiel: Sabine Schuster nimmt einen Anruf von Sally Owens von der Firma PL Nice Ltd. entgegen.

Schuster:	*Huber & Söhne, good morning. Sabine Schuster speaking. What can I do for you?*
Owens:	*Good morning, Ms Schuster, this is Sally Owens from PL Nice Ltd. Could you put me through to Ms Müller, please?*
Schuster:	*I'm afraid Ms Müller is not available right now. She's in a meeting. Would you like to talk to her secretary instead?*
Owens:	*Yes, that would be fine.*
Schuster:	*Just a moment, please, I'll put you through.*

Anrufbeantworter besprechen

Leider kommt es nicht selten vor, dass Kommunikation hauptsächlich von Anrufbeantworter zu Anrufbeantworter stattfindet. Haben Sie es mit einer englischen Mailbox oder einem Anrufbeantworter zu tun, so gilt es, schnell die richtigen Worte zu finden.

Fallbeispiel 1: Claudia Müller ruft Ihren Geschäftspartner Charles Mackenzie an, doch am anderen Ende der Leitung ist nur der Anrufbeantworter.

AB: *This is the answerphone of Charles Mackenzie. If you wish to leave a message, please speak after the tone.*

Müller: *Good afternoon, Mr Mackenzie. Claudia Müller from Huber & Söhne speaking. It's Tuesday, 3.15 p.m. I'm calling about our appointment at the London Trade Fair next week. Could you call me back as soon as possible, please? I'm on ...*

Fallbeispiel 2: Auch Sabine Schuster hat statt Sally Owens nur deren Anrufbeantworter am Apparat und hinterlässt eine Nachricht.

AB: *This is the answerphone of Sally Owens. I'm afraid I'm not available right now. Please leave a message*

Dies sollte bei keiner Nachricht fehlen:

- Wer ruft an?
- Grund des Anrufs.
- Nennung der eigenen Telefonnummer, falls diese dem Gesprächspartner nicht bekannt ist.
- Eventuell auch Datum und Uhrzeit, denn nicht jeder Anrufbeantworter zeigt dies automatisch an.

after the tone and I'll ring you back as soon as possible.

Schuster: *Hello, Ms Owens, this is Sabine Schuster from Huber & Söhne. I just wanted to tell you that I got your e-mail and that we'll process your order as soon as possible. I'll send you a confirmation by fax. Thank you and goodbye.*

Wenn Sie selbst häufig von englischsprachigen Geschäftspartnern angerufen werden, so sollten Sie Ihren eigenen Anrufbeantworter zumindest zweisprachig besprechen.

TIPP
Achten Sie auf die Qualität des Tonbandes. Muttersprachler reden meistens schnell.

Fallbeispiel 3: Englische Texte für den Anrufbeantworter

»I'm afraid I'm not able to take your call at the moment, but if you'd like to leave your name and number, I'll call you back as soon as possible. Please speak after the tone.«

»This is the answering machine of Huber & Söhne. Sorry, we can't be reached at the moment. Please, leave a message and we'll get back to you as soon as possible.«

Nachrichten hinterlassen

Ist der gewünschte Gesprächspartner nicht erreichbar, müssen Sie eine Nachricht hinterlassen und um einen Rückruf bitten.

Fallbeispiel 1: Claudia Müller möchte ihren Geschäftspartner Charles Mackenzie erreichen, doch dieser ist gerade nicht am Platz. Also hinterlässt sie eine Nachricht bei seiner Sekretärin.

Sekretärin: *I'm sorry, Mr Mackenzie is out of the office at the moment. Can I take a message?*

Müller: *Yes, please. I have a few questions in connection with the new contract. Could you ask Mr Mackenzie to call me back, please? I'll be available till 4 p.m. your time.*

Sekretärin: *I'll pass that on to Mr Mackenzie. Thank you for calling.*

Fallbeispiel 2: Da Claudia Müller heute selbst viel unterwegs ist, schlägt sie vor, zu einem späteren Zeitpunkt noch einmal anzurufen.

Sekretärin: *I'm sorry, Mr Mackenzie is out of the office at the moment. Can he call you back?*

Müller: *I'm afraid I'm a bit hard to reach myself. I'll try again later. Can you tell me when he'll be in?*

Sekretärin: *He'll be back at around 4 p.m.*

Fallbeispiel 3: Mr Mackenzie versucht trotzdem, Claudia Müller zu erreichen und hat tatsächlich Glück.

Mackenzie: *Good afternoon, Ms Müller. My secretary told me that you tried to ring me about the contract. What can I do for you?*

Müller: *Thank you for returning my call. I've got a few questions in connection with the contract. First ...*

Buchstabieren von Zahlen und Wörtern

Es ist Ihnen sicherlich klar, dass Ihnen das deutsche Telefonalphabet im Englischen nicht helfen kann. Nun kann es vorkommen, dass Sie Ihrem Telefonpartner einen deutschen Namen buchstabieren müssen. Das ist bei deutschen Zungenbrechern wie zum Beispiel Neugebauer gar nicht so selten. In diesen Fällen sollten Sie das englische Telefonalphabet parat haben.

Achtung: Die Umlaute *ä*, *ö* und *ü* sowie das *ß* gibt es im Englischen nicht. Und auch auf einer Computer-Tastatur sind sie nur über Sonderzeichen einzustellen. Beim Buchstabieren sollten Sie diese Laute daher in ae, oe, ue beziehungsweise ss auflösen.

A – Alfred	B – Benjamin	C – Charles
D – David	E – Edward	F – Frederick
G – George	H – Harry	I – Isaac
J – Jack	K – King	L – London
M – Mary	N – Nellie	O – Oliver
P – Peter	Q – Queen	R – Robert
S – Samuel	T – Tommy	U – Uncle
V – Victor	W – William	X – X-ray
Y – Yellow	Z – Zebra	

Wenn Sie Telefonnummern durchgeben, gehen Sie nach dem folgenden Muster vor:

- Ziffern werden einzeln gesprochen: Aus 45 86 wird also »four five eight six« (nicht: »forty-five eighty-six«).
- Die Null wird gesprochen als »oh« (GB) oder »zero« (US).

- Verdoppelungen von Zahlen werden folgendermaßen durchgegeben: 44 = »double four« (US: »four four«), 444 = »four double four« oder »double four four« (US: »four four four«)

Fallbeispiel 1: Claudia Müller möchte mit Mr Mackenzie sprechen und bittet seine Sekretärin um einen Rückruf.

Sekretärin: *I'll ask him to call you back. What's your number, please?*

Müller: *It's three nine double seven two one two. The code's eight nine for Munich.*

Sekretärin: *Let me just read that back. 3977212. The area code is 89.*

Müller: *That's correct. Thank you for your help.*

TIPP
Üben Sie kurze Gespräche am Telefon mit Ihren Freunden oder lernen Sie die englischen Sätze auswendig. So lernen Sie, souverän zu sprechen.

Wortschatz

Buchstabieren von Zahlen und Wörtern

▸ Mein Englisch ist leider nicht sehr gut.	*I'm afraid my English isn't very good.*
▸ Ich habe das leider nicht verstanden.	*I'm sorry, I, didn't understand that.*
▸ Könnten Sie das bitte wiederholen?	*Could you repeat that, please? Could you say that again, please?*
▸ Könnten Sie bitte etwas langsamer sprechen?	*Could you speak more slowly, please?*
▸ Ich weiß nicht, ob ich Sie richtig verstanden habe? Ich wiederhole.	*I'm not sure whether I got that right. Let me repeat it.*
▸ Wie sagt man … auf Englisch?	*How do you say ... in English?*
▸ Die Leitung ist leider schlecht.	*I'm afraid the line is bad.*
▸ Sind Sie noch dran?	*Are you still there?*
▸ Tut mir Leid, ich habe mich wohl verwählt.	*Sorry, I must have dialled the wrong number.*

Nach jemandem fragen

▸ Spreche ich mit Herrn/Frau ...?	*Is that Mr/Ms ...?*
▸ Ich würde gerne Herrn/Frau ... sprechen.	*I'd like to speak to Mr/Ms ..., please.*
▸ Könnten Sie mich mit Herrn/Frau ... verbinden?	*Could you put me through to Mr/Ms ..., please?*
▸ Haben Sie seine/ihre Durchwahl?	*Have you got his/her extension?*

Gespräch beenden

▸ Es war nett, mit Ihnen zu sprechen.	*It's been nice talking to you.*
▸ Ich würde mich freuen, wieder von Ihnen zu hören.	*I'm looking forward to hearing from you.*
▸ Einen schönen Tag noch.	*Have a nice day.*
▸ Danke für die Auskunft/für Ihre Hilfe.	*Thank you for the information/for your help.*
▸ Ich melde mich dann am Mittwoch.	*You'll be hearing from me on Wednesday.*

Sich melden

▸ Huber & Söhne, guten Tag. Mein Name ist Claudia Müller. Sie wünschen?	*Huber & Söhne, good morning/good afternoon. Claudia Müller speaking. Can/May I help you/How can I help you?*

Verbinden

▸ Wen wünschen Sie zu sprechen?	*Who would you like to speak to?*
▸ Würden Sie mir bitte Ihren Namen nennen?	*Could you give me your name, please?*
▸ Darf ich fragen, um was es geht?	*May I ask the purpose of your call?*
▸ Einen Moment, bitte.	*Just a moment, please.*
▸ Ich verbinde Sie (mit Herrn/Frau ...).	*I'll put you through (to Mr/Ms ...). / I'll connect you (with Mr/Ms ...).*
▸ Bleiben Sie bitte am Apparat.	*Hold the line, please.*

▸ Mr/Ms ... ist gerade leider nicht an ihrem Platz/ nicht im Büro.	*I'm sorry, Mr/Ms ... is not at his/her desk/out of the office at the moment.*
▸ Es ist leider besetzt. Möchten Sie warten?	*I'm afraid the line's engaged (US: busy). Would you like to hold?*
▸ Darf ich Ihnen seine/ihre Durchwahl geben?	*Would you like his/her extension number?*

Sich verabschieden

▸ Danke für Ihren Anruf.	*Thank you for calling.*
▸ Auf Wiederhören/Tschüß.	*Goodbye/Bye.*

Probleme

▸ Tut mir Leid. Sie haben sich verwählt.	*Sorry, you've dialled the wrong number.*
▸ Seine/ihre Rufnummer hat sich geändert.	*His/her number has been changed.*

Wendungen für den Anrufbeantworter

▸ Wir sind im Moment leider nicht erreichbar.	*Unfortunately we're not available at the moment.*
▸ Sie rufen außerhalb unserer Bürozeiten an.	*You have phoned outside office hours.*
▸ Bitte sprechen Sie nach dem Pfeifton.	*Please speak after the tone.*
▸ Unsere Rufnummer hat sich geändert. Sie erreichen uns unter ...	*Our telephone number has been changed. You can phone us on ...*
▸ Hier spricht ..., meine Telefonnummer ist ...	*Hello, this is ... on ... (US: my number is ...)*

▸ Würden Sie mich bitte zurückrufen?	*Could you please call me back?*

Nachrichten und Rückrufe

▸ Sie können mich unter der folgenden Nummer erreichen.	*You can reach/call me at this number.*
▸ Würden Sie ihm/ihr bitte sagen, dass ich angerufen habe?	*Would you please tell him/ her that I called?*
▸ Wann kann ich ihn/sie erreichen?	*When can I reach him/her?*
▸ Können Sie mir sagen, wann er/sie wieder da ist?	*Could you please tell me when he/she'll be back?*
▸ Kann ich ihn/sie unter einer anderen Nummer erreichen?	*Is there a number where I can reach him/her?*
▸ Ich versuche es morgen noch einmal.	*I'll try tomorrow then.*
▸ Kann ich Herrn/Frau ... etwas ausrichten?	*Can I take a message for Mr/ Ms ...?*
▸ Wollen Sie ihm/ihr eine Nachricht hinterlassen?	*Would you like to leave a message for him/her?*
▸ Unter welcher Nummer können wir Sie erreichen?	*Do you have a telephone number at which we can contact you?*

Buchstaben und Zahlen

▸ Wie lautet Ihre Nummer, bitte?	*What's your number, please?*
▸ Könnten Sie das bitte buchstabieren?	*Could you spell that for me, please?*

Vokabelliste: Rund ums Telefon

Anruf	*Call*
Anrufbeantworter	*answerphone (US: answering machine)*
anrufen	*to call, to make a call, to phone, to ring*
auflegen	*to hang up*
Auskunft	*directory (enquiries)*
besetzt	*engaged (US: busy)*
Durchwahl	*extension (number)*
erreichbar	*available*
Ferngespräch / Ortsgespräch	*long distance call / local call*
gebührenfreie Nummer	*free phone / 0800 number*
Handy	*mobile phone, (US: cell phone)*
Hörer	*receiver*
Leitung	*line*
Nachricht	*message*
Nebengeräusch	*interference*
Rufton	*ringing tone*
Signalton	*tone*
Telefonist/-in	*operator*
Telefonnummer	*(tele)phone number*
unterbrochen werden	*to be cut off*
verbinden	*to connect, to put through*
Verbindung	*Line*
externe Verbindung	*outside line*
Vermittlung	*operator, telephone exchange*
Vorwahl	*area code*
Vorwahl, internationale	*international (access) code*
wählen	*to dial*
Zentrale	*switchboard, exchange*
Zurückrufen	*to call back, to get back to somebody, to return a call*

Korrespondenz: Brief, Fax und E-Mail

Im Gegensatz zum deutschen Geschäftsbrief folgt die englische Korrespondenz keinen festgesetzten Normen. Sie können sich daher problemlos nach den bekannten DIN-Normen richten. Allerdings gibt es trotzdem einige Grundregeln, die Sie beachten sollten, wenn Sie mit Ihrer Korrespondenz einen guten Eindruck hinterlassen wollen.

Formale Gesichtspunkte

Die Anschrift des Absenders steht im englischen Geschäftsbrief meist rechts oben, und nicht auf der linken Seite. Da Sie in der Regel jedoch auf Firmenbriefpapier schreiben werden, müssen Sie sich darüber keine Gedanken machen. Vor- und Zuname des Absenders tauchen meist nur in der Unterschrift auf, die Absenderangabe beginnt daher in der Regel mit der Straße.

Faxe und E-Mails können Sie prinzipiell weniger förmlich gestalten als Briefe, doch sollten Sie vor allem bei einer E-Mail nicht völlig auf gewisse Förmlichkeiten verzichten. Achten Sie auf eine korrekte Anrede und Grußformel. Das Datum und die Betreffzeile sind durch Ihr E-Mail-Programm vorgegeben.

MERKE: Falls Ihr Name einen Umlaut oder ein *ß* enthält, so achten Sie darauf, diese Buchstaben auch im Fließtext Ihrer Mail in *ae*, *oe*, *ue* oder *ss* aufzulösen. Viele ausländische E-Mail-Programme sind nämlich nicht in der Lage, diese Buchstaben anzuzeigen und lösen sie stattdessen in seltsame Zeichen auf.

In den USA, in Australien und auch zum Teil in Großbritannien spricht man sich gerne mit dem Vornamen an. Schreiben Sie daher bei der Unterschrift Ihren Vornamen aus, sodass der Empfänger ihn im Antwortschreiben aufgreifen kann.

Anrede

Im Englischen steht als einzige Anrede »dear«. Ausnahmen von dieser Regel bilden nur geistliche Würdenträger oder Mitglieder der königlichen Familie.

Für Herren gilt die Anrede »Mr«, dem deutschen »Frau« entspricht »Mrs«. »Miss« ist wie im Deutschen »Fräulein« veraltet und wird kaum noch verwendet. Wenn man nicht weiß, ob die Empfängerin beziehungsweise die Angesprochene verheiratet ist oder nicht, verwendet man die Anrede »Mis« (gesprochen ebenfalls »Miss«, aber mit weichem *s*.)

TIPP
Vermeiden Sie in förmlichen Briefen Kurzformen wie »I'm« oder »I don't«. Schreiben Sie »I am«, »I do not«.

Richten Sie den Brief an eine Person, deren Namen Ihnen nicht bekannt ist, so stehen Ihnen die folgenden Möglichkeiten offen:

- *Dear Sir,*
- *Dear Madam,*
- *Dear Sir or Madam* beziehungsweise *Dear Sir/Madam,*
- *Dear Sirs.*

Am Ende des Briefs verabschieden Sie sich in diesem Fall mit »Yours faithfully« oder »Yours sincerely«.

Kennen Sie dagegen den Namen des Empfängers, so sprechen Sie ihn oder sie natürlich auch direkt an:

- *Dear Mr Mackenzie,*
- *Dear Ms Owens,*

MERKE: Nach Abkürzungen wie »Mr«, »Mrs«, »Ms« oder »Dr« steht im britischen Englisch generell kein Punkt, auch im Amerikanischen wird häufig darauf verzichtet.

In diesem Fall verabschieden Sie sich am Briefende mit »Yours sincerely« oder etwas persönlicher mit »Kind regards« oder »Best wishes«.

Natürlich gibt es auch im Englischen Titel wie Professor oder Doktor. Im Gegensatz zum Deutschen wird der Empfänger allerdings nur mit seinem Titel angesprochen, also zum Beispiel »Dear Dr Green«.

TIPP

Nach der Anrede steht immer ein Komma und kein Ausrufezeichen, danach wird groß weiter geschrieben.

Betreff

Anders als in Deutschland steht die Betreffzeile in englischen Geschäftsbriefen unter der Anrede. Sie wird entweder halbfett oder unterstrichen vom Brieftext abgesetzt. Zusätzlich können Sie sie mit *re/Re* beziehungsweise *ref./Ref.* kennzeichnen. Vor und nach dem Betreff findet sich eine Leerzeile.

Fallbeispiele: Betreffzeile

- *Your advertisement in The Times of 3 August 2003 (»Sales assistant required«)*
- *Your letter of 27 July, 2003*
- *Our telephone conversation of 31.05.03*
- *Your enquiry regarding our products*
- *Your order of 17.11.02*
- *Your ref./Our ref. (Ihr Zeichen/unser Zeichen)*

Datum

Das Datum steht üblicherweise linksbündig unter der Anschrift des Empfängers. Es stehen Ihnen dabei eine ganze Reihe unterschiedlicher Schreibweisen zur Verfügung. So kann man den 19. August 2003 zum Beispiel auf die folgenden Weisen darstellen:

- *19th August, 2003*
- *August 19th, 2003*
- *19 August, 2003*
- *August 19, 2003*

TIPP
Nach dem Monatstag steht im Englischen nie ein Punkt!

Bei all diesen Varianten kann das Komma auch weggelassen werden.

Wer das Datum ganz in Ziffern schreiben möchte, hat folgende Möglichkeiten zur Auswahl:

- 19.8.03 beziehungsweise 19.08.03
- 19/8/03 beziehungsweise 19/08/03

MERKE: Wird das Datum in Ziffern geschrieben, so steht in den USA und Kanada der Monat an erster Stelle: 04.05. ist also der 5. April! In Großbritannien, Australien und Neuseeland folgt man dagegen der bekannten Schreibweise Tag/Monat/ Jahr.

Adresse

Auch beim Schreiben der Adresse gibt es Unterschiede zwischen den deutschen und englischen Gepflogenheiten:

- Die Hausnummer steht in Großbritannien und den USA vor dem Straßennamen, und zwar in der Regel ohne Komma.
- Der Ortsname wird häufig großgeschrieben.

- Die Postleitzahl sollte bei britischen Adressen eine eigene Zeile bekommen, bei amerikanischen Adressen steht sie nach der Abkürzung des Bundesstaats.
- Ihre eigene Adresse dürfen Sie natürlich nach den deutschen Normen schreiben – schließlich soll Ihre Post Sie ja auch erreichen.

Fallbeispiel 1: britische Adresse

Mr G. Mackintosh
17 Church Road
GLASGOW
G18 4SE
Scotland, UK

TIPP

Denken Sie bei britischen Adressen auf jeden Fall an den Post-Code. Er steht nach der Stadt, im Fallbeispiel 1 »G18 4SE«.

Fallbeispiel 2: amerikanische Adresse

Ms Karen Fuller
23 Hunter Road
Newtown NY 10017
USA

Höflichkeitsfloskeln

Wie bei einem deutschen Geschäftsbrief sollten Sie auch im Englischen ein paar höfliche Worte an den Briefanfang stellen. Dasselbe gilt für das Ende Ihres Schreibens. Außerdem sollten Sie lieber einmal zu viel als zu wenig die Worte »sorry«, »please« oder »thank you« verwenden, da man vor allem in Großbritannien sehr viel Wert auf Höflichkeit legt.

Im Folgenden finden Sie nun einige Musterbriefe, Faxe und E-Mails für verschiedene geschäftliche Anlässe. Weitere Musterbriefe finden Sie im Kapitel »Auftrag, Bestellung & Co.«

Fallbeispiel 1: Bewerbung auf eine Stelle

Neue Straße 27
D-22222 Musterstadt
Tel. ++ 49-111/222 333
E-mail: klaus.schmidt@mail.de

Sunshine Travel
17 Any Road
LONDON
NW10 4DS
England

Musterstadt, 27 October 2003

Dear Sir or Madam,

Your advertisement in the *Times* of 25 June 2003

I would like to apply for the post of travel agent which I saw advertised in the *Times* of 25 June 2003.

I have been working in a similar position for four years at Holiday Reisen in Musterstadt and therefore fulfil all the necessary requirements for the job.

Enclosed you will find further details of my training and earlier experience as well as copies of two references.

I would be happy to come for an interview at any time that is convenient for you. I'm looking forward to hearing from you.

Yours faithfully,
Klaus Schmidt

Fallbeispiel 2: Antwort auf eine Bitte um Informationen über ein Unternehmen

Huber & Söhne
Waldstraße 27
D-88888 München
Tel. ++49-89/123450
Fax ++49-89/123451

PL Nice Ltd.
Ms Sally Owens
34 Church Lane
BIRMINGHAM
B2 5DS
England

Munich, 25 January, 2003

Dear Ms Owens,

Your letter of 18.01.04

Thank you for your interest in our company.

Enclosed you will find a copy of our company's brochure which shows our range of products.

Ms Sabine Schuster (Tel. 123 9876, e-mail: sabine.schuster @huber.de) would be glad to provide any further information you may require.

Yours sincerely,
Heinz Berger

Fallbeispiel 3: Fax-Mitteilung über eine Adressänderung

Fax Message

To: Mr Charles Mackenzie	from: Claudia Müller
Company: Jackson Bros.	Dept: Sales
Fax no.: ++44 141 666 7777	Tel. no.: ++49-89/123456
Date: 25 August, 2003	Pages (including cover sheet): 1

Dear Mr Mackenzie,

Change of address

I am writing to inform you of our new company address and telephone number, which will take effect from 1 September 2003.

Huber & Söhne
Waldstraße 27
88888 München
Tel. ++49-89/123450
Fax ++49-89/123451

Our e-mail address will remain unchanged.

Yours sincerely,
Claudia Müller

Fallbeispiel 4: Automatische E-Mail-Rückantwort bei Urlaub

(Betreffzeile des E-Mail-Programms:) Out of office
Dear Sir or Madam,

Please note that I will not be checking my e-mails between 20 July and 28 July, as I will be away on holiday. I will deal with any messages when I return. Thank you for your patience.

Yours faithfully,
Sabine Schuster

Fallbeispiel 5: E-Mail-Antwort auf eine allgemeine Anfrage

(Betreffzeile des E-Mail-Programms:) Your enquiry
Dear Mr Johnson,

Many thanks for your enquiry. Please find attached our price-list as a Word-document. I hope you can open the files. If not, please let me know and I will try to send them in a different format.

Yours sincerely,
Sabine Schuster

Machen Sie Sich noch einmal die formalen Regeln des englischen Briefes klar:

- Adresse des Senders rechts oben. Nennen Sie Ihre Telefonnummer mit der internationalen Vorwahl und fügen Sie, wenn möglich Ihre E-Mail-Adresse hinzu.
- Adresse des Empfängers links: Denken Sie bei britischen Adressen an die verschiedenen Adressangaben.
- Ort und Datum links unter der Anschrift des Empfängers. Nach dem Monatstag steht kein Punkt.
- Anrede bei bekannten Empfängern »Dear« und Name, bei unbekannten Empfängern »Dear Sir/Madam / Sir or Madam / Sirs«.
- Betreff halbfett oder unterstrichen unter der Anrede, eventuell gekennzeichnet mit *re/Re* oder *ref./Ref.*
- Abschluss mit »Yours faithfully« oder »Yours sincerely«.

Wortschatz

Einleitung

▸ Vielen Dank für Ihr Interesse an unserem Sortiment.	*Thank you for your interest in our product range.*
▸ Vielen Dank für Ihre Nachfrage vom 17.07.03 und das damit verbundene Interesse an unserem Unternehmen.	*Thank you for your enquiry of 17 July 2003 and your interest in our company.*

Wir freuen uns, Ihnen mitzuteilen, dass wir Ihre Bestellung bis zum 13.03.04 ausliefern können.	*We are happy to inform you that we will be able to deliver your order by 13.03.04.*
Ich würde gerne nachfragen, ob ...	*I am writing to ask you whether ...*
Ich beziehe mich auf Ihr Schreiben vom 28.04.03, in dem Sie mich um Auskunft über unser Sortiment baten.	*I refer to your letter of 28.04.03, in which you asked for information about our product range.*
Leider müssen wir Ihnen mitteilen, dass ...	*We regret to inform you that ...*
In Bezug auf Ihre E-Mail vom 28.04.03 sende ich Ihnen ein Muster unseres neuen Produkts.	*With reference to your e-mail of 28.04.03 I am happy to send you a sample of our new product.*

Abschlussfloskeln

Falls Sie weitere Informationen benötigen, stehe ich Ihnen unter der Rufnummer +49 89 3333-444 zur Verfügung.	*If you require further information, please do not hesitate to contact me on +49-89/3333-444.*
Wenn Sie noch Fragen zu diesem Thema haben, rufen Sie mich bitte an.	*Should you have any further queries on the subject, please feel free to ring (US: call) me.*
Herzlichen Dank im Voraus für die schnelle Bearbeitung.	*Many thanks in advance for processing at your earliest convenience.*
Ich hoffe, diese Informationen haben Ihnen weitergeholfen.	*I hope that this information has been of help to you.*

▸ Ich würde mich freuen, wenn wir uns bald einmal persönlich kennen lernen könnten.	*I would be delighted to have the opportunity to meet you in person in the near future.*
▸ Vielen Dank für Ihre Hilfe.	*Many thanks for your assistance.*
▸ Herzlichen Dank im Voraus für Ihre Bemühungen.	*Many thanks in advance for your trouble.*
▸ Ich freue mich, von Ihnen zu hören und verbleibe mit freundlichen Grüßen ...	*Looking forward to hearing from you, I remain, Yours sincerely/faithfully ...*
▸ Wir freuen uns auf Ihren Besuch.	*We are looking forward to your visit.*

Abkürzungen in Briefen

- *Attn: attention* = zu Händen
- *Ave: Avenue* (in Adressen)
- *Blvd: Boulevard* (in Adressen)
- *Bros(.): Brothers* = Gebrüder, Gebr.
- *Co(.): Company* = Gesellschaft, Irland und USA auch County = Grafschaft
- *c/o: care of* = bei, per Adresse
- *Dept: Department* = Abteilung
- *Enc(s), encl: enclosure(s)* = Anlage(n)
- *Extn: extension* = Nebenstelle
- *No.: number* = Nummer
- *Pp, p.p.:* (für lateinisch: per procurationem) per pro = im Auftrag, i.A.
- *Pto: please turn over* = bitte wenden

- *Rd: Road* (in Adressen)
- *Re/re* beziehungsweise *Ref./ref.*: reference = Betreff
- *Sq.: Square* (in Adressen)
- *St: Street* (in Adressen)
- *UK: United Kingdom* = Vereinigtes Königreich

Vokabelliste: Rund um die Korrespondenz

Absender	*sender*
Adresse	*address*
Bitte nach Prüfung zurück.	*Please return after inspection.*
Bitte nicht knicken!	*Do not fold.*
Briefmarke	*stamp*
Eilbrief	*express letter*
Dringend	*urgent*
Eilzustellung	*express delivery*
Einschreiben	*registered letter, recorded delivery*
Empfänger	*addressee*
Falls unzustellbar, bitte zurück an ...	*If undelivered, please return to ...*
(Per) Luftpost	*(By) airmail*
Nachnahme	*COD = cash on delivery (US: collect on delivery)*
Nachsenden	*forward*
Paket	*parcel*
Päckchen	*small packet*
Persönlich	*private, personal*
Portofrei	*postage paid*
Postfach	*P.O. Box (Post Office Box)*
Rückporto	*return postage*
Telefax	*fax*
Vertraulich	*confidential*

Besuch empfangen

Ein Besuch eines ausländischen Geschäftspartners ist eine anstrengende Sache. Mit welchen Worten Sie Ihren Gast willkommen heißen, ihn bewirten und ihm die Firma zeigen, erfahren Sie in diesem kurzen Exkurs.

Fallbeispiel: Katja Lange empfängt Harry Small in ihrer Firma.

Lange: *Good morning, Mr Small. Nice to meet you in person. Can I take your coat?*

Small: *Yes, please, here you are.*

Lange: *Please take a seat. Can I offer you a cup of coffee? And can I get you something to eat?*

Small: *A coffee would be very nice, thank you.*

Lange: *With milk and sugar?*

Small: *Just milk, please.*

Lange: *Here you are. Mr Huber and Ms Müller will be with you shortly. I'll be in the next room, if you need me.*

Wortschatz Geschäftsbesuch

- Vielen Dank, dass Sie sich die Mühe gemacht haben, zu uns zu kommen. — *Thank you very much for taking the trouble to come to see us.*
- Darf ich Ihnen Herrn/Frau ... vorstellen? Er/sie wird sich während Ihres Aufenthaltes um Sie kümmern. — *May I introduce you to Mr/ Ms ...? He/She will be looking after you during your visit.*
- Für heute Morgen habe ich Folgendes vorbereitet. — *I've organised ... for this morning.*

▸ Hier sehen Sie ...	*Here you can see ...*
▸ Hier stellen wir ... her.	*This is where we produce ...*
▸ Leider darf man hier nicht rauchen.	*I'm afraid this is a no-smoking area.*
▸ Sie dürfen hier leider nicht fotografieren.	*I'm afraid you can't take photos in here.*
▸ In der Montagehalle müssen wir Schutzhelme aufsetzen.	*We have to wear helmets in the assembly hall.*

Vokabelliste: Besuch empfangen

Aufzug	*lift (US: elevator)*
Abreise	*departure*
Ankunft	*arrival*
Besprechungsraum	*conference room*
Besucherplakette	*visitor's badge*
Büro	*office*
Büfett	*buffet*
Empfang	*reception*
Einladung	*invitation*
Flughafen	*airport*
Flur	*corridor (US: hall)*
Forschungszentrum	*research centre*
Imbiss	*snack*
Kantine	*canteen (US: cafeteria)*
Montagehalle	*assembly hall*
Parkplatz	*car park (US: parking lot)*
Pförtner	*porter*
Projekt	*project*
Werk	*plant*

Besprechungen und Präsentationen

Besprechungen gehören in Großbritannien und den USA fest zum Firmenalltag, auch vermeintlich unwichtige Dinge werden oftmals gründlichen Diskussionen und Abstimmungen unterzogen. Meist laufen diese Besprechungen eher zwanglos ab. Am Anfang und am Ende steht ein wenig Smalltalk, um die möglicherweise verkrampfte Situation aufzulockern. In den USA und Australien wird der Ton in einer Besprechung bisweilen sehr direkt, in Großbritannien dagegen ist man eher zurückhaltend. Mit welchen Wendungen und Worten Sie Besprechungen, Verhandlungen und Präsentationen gekonnt meistern, erfahren Sie in diesem Kapitel.

Gesprächsvorbereitung

Auf Besprechungen, Verhandlungen und Präsentationen in einer Fremdsprache sollten Sie sich stets besonders gut vorbereiten. Erstens wollen Sie verstanden werden und die anderen Teilnehmer von Ihrem Standpunkt oder Ihrem Produkt überzeugen. Zweitens fällt Ihnen das Improvisieren in einer Fremdsprache vermutlich nicht leicht. Notieren Sie sich wichtige Punkte, die Sie ansprechen wollen, und schlagen Sie vorher alle unbekannten Wörter nach. Wenn Sie selbst einen Vortrag halten müssen, so achten Sie darauf, dass er möglichst lebendig wirkt und versuchen Sie, möglichst frei zu sprechen. Eine vom Blatt abgelesene oder auswendig gelernte und heruntergeleierte Präsentation wirkt auf die Zuhörer ermüdend und wichtige Inhalte können nicht aufgenommen werden.

TIPP

Nehmen Sie ein Wörterbuch in die Besprechung mit, sodass Sie zur Not ein unbekanntes Wort nachschlagen können.

MERKE: Sie sollten immer auf Ihr nicht perfektes Englisch hinweisen und sich dafür entschuldigen – auch wenn Ihre Kenntnisse recht gut sind. Dieses Understatement macht sympathisch und bringt eventuelle Kritiker schon im Voraus zum Schweigen.

Gesprächseröffnung

Am Anfang einer Besprechung oder Präsentation steht die Begrüßung der Anwesenden sowie eine kurze Hinführung zum Thema. Unbekannte Teilnehmer werden vorgestellt. Falls Sie selbst in einer fremden Firma einen Vortrag halten, empfiehlt es sich, Ihre Person und Ihren Tätigkeitsbereich kurz einzuführen.

Fallbeispiel 1: Beginn einer Präsentation

Claudia Müller: *Good morning, ladies and gentlemen. Before we start, let me introduce myself. My name is Claudia Müller and I have been working in the marketing department of Huber & Söhne for four years. Today I'm here to tell you about the advertising campaign for our new product. I'll be covering three main areas: first advertisements in newspapers and magazines, then commercials on TV and finally sponsorships of sporting events. Altogether, this will take about 20 minutes, Please feel free to stop me, if you have any questions.*

Fallbeispiel 2: Beginn einer Besprechung

Chairperson: *Good morning, ladies and gentleman. On behalf of the management I'd like to welcome you to today's meeting about the introduction of our new lawn-mower. Let me introduce Ms Sally Owens from PL Nice Ltd. in Birmingham, who is going to tell us about her experiences with this product in the UK and will be happy to answer any questions you may have relating to the lawnmower. As we are all here, let's make a start. First we need somebody to take the minutes. Jane, would you be so kind as to do that?*

Tagesordnung

Bei einer Besprechung oder Verhandlung sollte im Voraus eine Tagesordnung verteilt werden, die den Ablauf festlegt und die wichtigen Punkte anspricht. Allerdings können Sie nie davon ausgehen, dass sie auch jeder Teilnehmer gelesen hat. Deshalb empfiehlt es sich, zu Beginn der Besprechung noch einmal kurz darauf einzugehen.

Fallbeispiel: Vorstellung der Tagesordnung

TIPP
Nutzen Sie, wenn möglich, ein Flip-Chart, um die Punkte der Tagesordnung durchzusprechen.

Chairperson: *As you can see from your copy of the agenda, we have two problems that should be solved today. First there is the question of*

whether it is really profitable to introduce this product at this time of the year. The second item on the agenda is to discuss how to keep the production costs as low as possible. Does anybody have any questions about the agenda? No? Then let's start with item one.

Gesprächsführung

Wer selbst den Vorsitz einer Besprechung oder Verhandlung hat, muss stets den Gesprächsverlauf im Auge behalten und die Unterredung, falls nötig, immer wieder zum Thema zurückführen, zwischenzeitlich kurz zusammenfassen oder das Gespräch vorantreiben.

Doch selbst wenn Sie ein paar Beiträge zur Besprechung oder Verhandlung leisten wollen, sollten Sie stets die wichtigsten Wendungen zur Gesprächsführung parat haben. Auf diese Weise können Sie die Unterredung geschickt in Ihre Richtung lenken.

TIPP

Die Worte »right« und »ok« sind klein, aber fein! Sie helfen zum Beispiel, Anfang und Ende eines Punkts auf der Tagesordnung zu markieren und zum nächsten Thema überzuleiten.

Fallbeispiel 1: Ein Gespräch führen

Chairperson: *Let's begin with the first item on our agenda. Mark, would you like to begin by reporting the latest sales figures?*

Mark: ...

Chairperson: *Thank you for your contribution, Mark. I think, we all agree that these sales figures are not very encouraging and that we have to develop a new marketing strategy for the product. Michael, how far are you with your plans for the new advertising campaign?*

Michael: ...

Chairperson: *That sounds very promising, thank you. Sabine, can you tell us a bit about your experiences on the German market? Did you encounter similar problems? And what did you do to solve them?*

Fallbeispiel 2: Leider bleibt die Diskussion nicht auf der rein sachlichen Ebene und der Moderator versucht, sie wieder in geordnete Bahnen zurückzulenken.

Anderson: *But that's so typical of you, Michael. You're so conservative. Don't you see that now and again we have to take a risk to get ahead of our competitors? If it wasn't for people like you ...*

Chairperson: *No need to get personal, James. Would you please stick to the agenda?*

Anderson: *But don't you see the problem? If we hesitate any longer, we'll lose too much time.*

Chairperson: *We'll return to this later. As for now, we should really discuss our advertising campaign.*

Unterbrechen

Wie wir wissen, ist es eigentlich unhöflich, einen Sprecher zu unterbrechen Doch kann es manchmal durchaus nötig sein, zum Beispiel wenn wir etwas von seinen Ausführungen nicht verstehen oder eine Zwischenfrage haben.

Seien Sie in einem solchen Fall immer besonders höflich. Es gibt allerdings auch unangenehme Zeitgenossen, die einem ständig ins Wort fallen und somit die Aufmerksamkeit auf sich lenken wollen. Ihre Äußerungen sollten Sie nicht persönlich nehmen. Versuchen Sie, in solchen Momenten angemessen zu reagieren und die Unterbrechung direkt, aber höflich abzuwehren.

Fallbeispiel 1: eine Zwischenfrage stellen

Mark: *As you can see from the transparency, there has been a dramatic drop in sales in the past few months.*

Sabine: *Excuse me, could I ask you a question? Are these the sales figures for Europe or just the UK?*

Fallbeispiel 2: eine Unterbrechung abwehren

Michael: *I think, in this case it would be best to ...*

Mark: *I'm sorry, I don't agree at all. In my opinion we should ...*

Michael: *Would you please let me finish? This is exactly what I was about to propose.*

Meinungsverschiedenheiten

Natürlich sind bei einer Besprechung oder Verhandlung nicht immer alle Teilnehmer einer Meinung. Vertreten Sie Ihren Standpunkt und äußern Sie Kritik oder Widerspruch freundlich und höflich. Dasselbe gilt natürlich, wenn Sie selbst kritisiert werden – auch mit solchen Einwänden sollten Sie stets angemessen umgehen.

TIPP
Vermeiden Sie offenen Widerspruch. Schwächen Sie Kritik ab und sprechen Sie von einem »slight misunderstanding«.

Fallbeispiel: Michael Smith und James Anderson sind unterschiedlicher Meinung über die Zusammenarbeit mit einer neuen Firma.

Smith: *I think that our company will benefit greatly from this new co-operation. What are your views on this matter, James?*

Anderson: *I'm sorry, I don't see eye to eye with you. In my opinion we will have to invest a lot of time and money in this new venture and I'm not sure at all if this will pay off.*

Smith: *On the contrary, James. Of course, we will have to make some investments first, but in the long run the production will be much cheaper.*

Anderson: *I'm still not completely convinced that this is really a good idea. Why don't we ask other companies about their experiences first?*

Chairperson: *I don't think we're going to reach a conclusion in this point today. I suggest that we leave this matter until our next meeting.*

Überleiten und zusammenfassen

TIPP

Versetzen Sie sich in die Rolle der Teilnehmer. Helfen Sie ihnen, die einzelnen Punkte in einen klaren Zusammenhang zu bringen

Zwischen den einzelnen Tagesordnungspunkten sollte der Moderator oder Vorsitzende der Besprechung oder Präsentation eine kurze Zusammenfassung über den bisherigen Stand der Dinge geben und die wichtigsten Entwicklungen festhalten. Danach können Sie zum nächsten Punkt auf der Tagesordnung überleiten oder dem nächsten Sprecher das Wort erteilen.

Fallbeispiel 1: Kurze Zusammenfassung zweier widersprüchlicher Positionen

Chairperson: *Jane here thinks that it will be very difficult to lower the production costs, if we do not find a new contractor, whereas Michael would tend to prefer to leave things as they are. Now I would like to know what you think about this. Let's have a vote. Those in favour of Jane raise your hands, please.*

Fallbeispiel 2: Überleitung zum nächsten Tagesordnungspunkt

Chairperson: *Thanks to Sarah's interesting and informative presentation we now know everything about the new product. Let's hear what Claudia Müller has to say on this matter. She has been working with the product for three months and will share her experiences with us.*

MERKE: Bei Besprechungen, Verhandlungen und Präsentationen sind gute Englischkenntnisse besonders wichtig, da es hier darum geht, ein Produkt, und damit auch sich selbst, zu verkaufen oder seine Position durchzusetzen. Sicherheit in der Sprache wirkt sich auch auf die eigene Selbstsicherheit aus und ist daher wesentlich für den Erfolg Ihrer Präsentation oder Ihrer Verhandlungskünste.

Gesprächsabschluss

Wenn eine Besprechung oder Präsentation sich dem Ende nähert, sollten Sie die passenden Worte finden. Es empfiehlt sich, den Zuhörern noch einmal Gelegenheit für Fragen zu geben. Dann weisen Sie kurz darauf hin, dass die Sitzung nun beendet ist und danken Sie den Teilnehmern für Ihre Aufmerksamkeit.

TIPP
Am Ende von Präsentationen wird in der Regel nicht applaudiert. Beobachten Sie einfach die anderen Teilnehmer und schließen Sie sich diesen gegebenenfalls an.

Fallbeispiel 1: Ende einer Präsentation

Chairperson: *Thank you, Ms Müller. That was an interesting and very informative presentation. Does anyone have any questions? No? Well, if nobody has anything to add, I'd like to call it a day now.*

Fallbeispiel 2: Ende einer Besprechung

Chairperson: *So that's all for today. I'd like to conclude by saying that this discussion has been very informative and I'd like to thank you very much for your attention. Have a nice evening.*

Wortschatz

Auf schlechte Sprachkenntnisse hinweisen

▸ Mein Englisch ist leider ein wenig eingerostet.	*I'm afraid my English is a bit rusty.*
▸ Ich bin ein wenig aus der Übung, deshalb werde ich mich möglichst kurz fassen.	*I'm a bit out of practice, so I'll keep this presentation as short as possible.*

Eine Besprechung oder eine Präsentation eröffnen

▸ Ich freue mich, dass ich heute die Gelegenheit habe, Ihnen über ... zu berichten.	*I'm glad to have the chance to speak to you about ...*
▸ Zunächst möchte ich Ihnen sagen, wie froh ich bin, heute hier zu sein.	*Let me say at the outset how happy I am to be here today.*
▸ Gegenstand dieser Präsentation ist ...	*The topic of this presentation is ...*
▸ Wie Sie wissen, bin ich hier, um Ihnen ... vorzustellen.	*As you know, I'm here to present ... to you.*
▸ Ich habe den Vortrag in drei Teile unterteilt, um Ihnen ... vorzustellen.	*I have divided this presentation into three sections.*

▶ Ich werde drei Hauptbereiche behandeln.	*I'll be covering three main areas.*
▶ erstens ... zweitens ... drittens ...	*Firstly/first ... secondly ... thirdly ...*
▶ dann/danach	*then/after that*
▶ schließlich/zuletzt	*finally/lastly*
▶ Nach dem Vortrag können Sie mir gerne Fragen stellen.	*I'll be happy to answer any questions at the end.*
▶ Zögern Sie nicht, mich zu unterbrechen, wenn Ihnen etwas nicht klar sein sollte.	*Don't hesitate to interrupt me, if anything isn't clear.*
▶ Ich freue mich, Ihnen Herrn/ Frau ... vorstellen zu dürfen.	*It's my pleasure to introduce Mr/Ms ...*
▶ Sind wir dann so weit? Dann können wir ja anfangen.	*Right. Shall we get started?*
▶ Wer führt das Protokoll?	*Who's taking the minutes?*
▶ Würden Sie bitte anfangen?	*Can I ask you to open the discussion?*

Rund um die Tagesordnung

▶ Haben alle eine Kopie der Tagesordnung erhalten?	*Has everyone received a copy of the agenda?*
▶ Wir haben heute vier Punkte auf der Tagesordnung stehen.	*We've got four items on the agenda today.*
▶ Der erste Punkt der Tagesordnung ist ...	*The first item on the agenda is ...*
▶ Möchte jemand noch einen Punkt auf die Tagesordnung setzen?	*Would anybody wish to add an issue to our agenda?*

▸ Heute müssen wir über ... entscheiden.	*What we have to decide today is ...*
▸ Das Erste, das wir in Erwägung ziehen müssen, ist ...	*The first thing we've got to consider is ...*
▸ Der nächste Punkt, den ich behandeln möchte, ist ...	*The next point I wish to deal with is ...*
▸ Könnten wir uns bitte an die Tagesordnung halten?	*Could we stick to the agenda, please?*

Gesprächsführung

▸ Einerseits ... andererseits ...	*On the one hand ... on the other hand, ...*
▸ Das Für und Wider	*The pros and cons*
▸ Das Hauptproblem ist ...	*The main problem is ...*
▸ Hinzu kommt, dass ...	*In addition, ...*
▸ Im Gegensatz dazu ...	*In contrast, ...*
▸ Das hat zur Folge ...	*As a result ...*
▸ Soweit also zu ...	*Right. So much for ...*
▸ Wenn es dazu keine weiteren Fragen gibt, würde ich gerne ...	*If there are no further questions, I'd like to ...*
▸ Darf ich um Reaktionen zu Herrn/Frau ... Standpunkt bitten?	*May I ask for reactions to Mr/Ms ... point of view?*
▸ Herr/Frau ..., möchten Sie hierzu etwas sagen?	*Mr/Ms ..., would you like to come in here?*
▸ Ich würde gerne Ihre Meinung zu ... hören.	*I'd like to hear your views on ...*
▸ Ich glaube, Herr/Frau ... möchte dazu Stellung nehmen.	*I think, Mr/Ms ... would like to make a point.*

▸ Und wie stehen Sie zu dieser Frage?	*And where exactly do you stand on this issue?*
▸ Was halten Sie davon?	*What's your feeling?*
▸ Darf ich um Ihre Aufmerksamkeit bitten?	*Can I have your attention, please?*
▸ Können Sie das bitte erläutern?	*Could you explain that, please?*
▸ Vielleicht können wir später auf Ihre Bemerkung zurückkommen.	*Perhaps we could return to your point later on.*
▸ Kommen wir bitte zum Thema zurück.	*Let's get back to the subject, please.*
▸ Was verstehen Sie genau unter ...	*What exactly do you mean by ...?*
▸ Lassen Sie es mich folgendermaßen ausdrücken ...	*Let me put it another way ...*

Unterbrechen

▸ Entschuldigen Sie bitte, aber ...	*Excuse me, but ... /Sorry to interrupt but ...*
▸ Kann ich hierzu kurz etwas anmerken?	*Can I come in (US: add something) here?*
▸ Könnte ich eine Zwischenfrage stellen?	*May I just ask a question?*
▸ Darf ich Sie für einen Augenblick unterbrechen?	*May I interrupt you for a moment?*
▸ Tut mir Leid, wenn ich Sie unterbreche, aber ...	*Sorry to break in, but ...*
▸ Ich würde Sie gerne daran erinnern, dass ...	*I'd like to remind you that ...*

▸ Entschuldigen Sie, aber darf ich Ihre Aufmerksamkeit darauf richten, dass ...	*Excuse me, but may I just draw your attention to the fact that ...*
▸ Entschuldigen Sie, aber sollten wir nicht erst ...?	*Excuse me, but wouldn't it be better to ... first?*
▸ Wenn ich vielleicht ein paar Worte sagen dürfte ...	*If I might just say a few words ...*
▸ Könnte ich bitte zu Ende ausführen?	*Sorry, could I just finish?*
▸ Einen Augenblick noch.	*One moment, please.*
▸ Würden Sie mich bitte ausreden lassen?	*Would you please hear me out?*
▸ Wenn Sie mich bitte fortfahren ließen ...	*If you would please allow me to continue ...*
▸ Sie nehmen mir die Worte aus dem Mund.	*You took the words right out of my mouth.*
▸ Wir könnten auf Ihre Frage vielleicht später eingehen.	*Perhaps we could return to your question later on.*
▸ Wenn ich das gerade noch zu Ende führen könnte.	*If I might just finish ...*

Meinungen äußern und vertreten

▸ Möchten Sie dazu Stellung nehmen?	*Would you like to comment on that?*
▸ Wie sehen Sie das?	*How do you see this?*
▸ Noch irgendwelche Anmerkungen?	*Any other comments?*
▸ Ich sehe das folgendermaßen ...	*The way I see it ...*

▶ Meiner Meinung/Erfahrung/Ansicht nach ...	*In my opinion/experience/view ...*
▶ Ich bin überzeugt, dass ...	*I'm convinced that ...*
▶ Das stimmt. Genau.	*That's right. Exactly.*
▶ Ja, aber ...	*Yes, but ...*
▶ Bei allem Respekt ...	*With all due respect ...*
▶ Da bin ich mir nicht so sicher.	*I'm not so sure about that.*
▶ Dem kann ich leider nicht zustimmen.	*I'm afraid I can't go along with that.*
▶ Im Gegenteil ...	*On the contrary ...*
▶ Ich schlage vor ...	*I recommend/I would suggest ...*
▶ Ich teile Ihre Besorgnis über ... und versichere Ihnen, dass ...	*I share your concern about ... and I assure you that ...*

Überleiten und zusammenfassen

▶ Kommen wir nun zu Punkt zwei.	*Let's move on to item two.*
▶ Ich gebe jetzt an Herrn/Frau ... weiter.	*Let me hand over (US: give the floor to) Mr/Ms ...*
▶ Schauen wir uns noch einmal die wichtigsten Punkte an.	*Let us go over the main points again.*
▶ Ich fasse noch einmal zusammen ...	*Let me try to summarize/sum up ... /To sum this up*
▶ Kurz gesagt ...	*In short ...*
▶ In anderen Worten ...	*In other words ...*

▸ Können wir uns darauf einigen?	*Can we agree to that?*
▸ Stimmen wir darüber ab.	*Let's have a vote on this.*
▸ Darf ich um Handzeichen bitten?	*Can I ask for a show of hands?*
▸ Wer dafür ist, bitte die Hand heben.	*Those in favour raise their hands, please.*
▸ Der Antrag ist mit vier zu drei Stimmen angenommen/abgelehnt.	*The motion is carried/rejected by four votes to three.*

Gesprächsabschluss

▸ Ich möchte mit der Feststellung schließen ...	*I'd like to conclude by saying ...*
▸ Nun, damit haben wir die Tagesordnung abgeschlossen.	*Well, I guess that completes our agenda.*
▸ Das war's dann für heute.	*So that's all for today.*
▸ Machen wir Schluss.	*Let's call it a day.*
▸ Falls Sie noch Fragen haben ...	*If anyone has any questions ...*
▸ Wenn niemand mehr etwas zu sagen hat, würde ich die Besprechung gerne schließen.	*If nobody has anything to add, I'd like to draw the meeting to an end.*
▸ Ich erkläre die Sitzung für geschlossen.	*I declare the meeting closed.*
▸ Vielen Dank, alle miteinander.	*Ok, thanks everybody.*
▸ Vielen Dank für Ihre Aufmerksamkeit.	*Thank you for your attention.*

Vokabelliste: Rund um Besprechungen und Präsentationen

abstimmen	*to vote*
einen Antrag stellen	*to propose a motion*
anwesend/abwesend	*present/absent*
Besprechung	*meeting*
eine B. ansetzen/eröffnen	*to arrange/to open a meeting*
an einer B. teilnehmen	*to participate in a meeting*
dafür/dagegen	*in favour/against*
Dia	*slide*
Diaprojektor	*slide projector*
einstimmig	*unanimous*
Enthaltung	*abstention*
Flipchart	*flipchart*
Folie	*transparency, OHP sheet*
Folienschreiber	*OHP pen*
Grafik	*(line) graph*
Konferenzunterlagen	*handout*
Leinwand	*screen*
Marker	*board marker, marker pen*
moderieren	*to chair*
Moderator	*chair (person)*
das Protokoll führen	*to take the minutes*
Schwamm	*wiper*
Sonstiges (auf der Tagesordnung)	*AOB = any other business*
Tabelle	*table*
Tafel	*board*
Tageslichtprojektor	*OHP (overhead projector)*
die Tagesordnung festlegen	*to draw up the agenda*
Tagesordnungspunkt	*item on the agenda*
unentschieden	*split decision, not settled*
Zusammenfassung	*summary*

Firmenstrukturen

Nicht selten werden Sie auch über den Aufbau Ihrer Firma, über Eigentumsverhältnisse und Gesellschaftsformen Auskunft geben müssen. Die wichtigsten Vokabeln zu diesem Thema finden Sie im Folgenden.

Vokabelliste: Firmenstrukturen

Aktie	*share*
Aktionär, Gesellschafter	*shareholder*
Aktiengesellschaft	*public limited company (plc), incorporated company (Inc) (US), (joint-stock) corporation (Corp.) (US)*
Alleinvertreter	*sole representative*
Außendienst	*sales representatives (reps)*
Familienbetrieb	*family business*
Filiale	*branch*
Forschung und Entwicklung	*R & D (research and development)*
Fusion	*merger*
fusionieren	*to merge*
gemeinnützig	*non-profit-making*
Geschäftsbereich	*division*
Geschäftsleitung	*management*
Gesellschaft mit beschränkter Haftung	*limited (liability) company (Ltd)*
Handelsgesellschaft	*trading company*
Hauptverwaltung	*head office*
Holdinggesellschaft	*holding company*
Informationstechnik	*IT (information technology)*
Investition	*investment*

Jahreshauptversammlung	*annual general meeting (AGM)*
Kartell	*cartel*
Konkurrenz	*competition*
Konzern	*group*
Körperschaft des öffentlichen Rechts	*public corporation*
Marktanteil	*market share*
Mitgesellschafter	*co-partner*
mittelständische Unternehmen	*SME'S (small and medium-sized enterprises)*
multinationales Unternehmen	*multinational corporation*
Muttergesellschaft	*parent company*
Personalabteilung	*personnel department, human resources*
Produktionsabteilung	*production department*
Rechnungswesen	*finance department*
Rechtsabteilung	*legal department*
Sozietät	*partnership*
Subvention	*subsidy*
subventionieren	*to subsidize*
Tochtergesellschaft	*subsidiary*
Treuhandverhältnis	*trust*
Übernahme, feindliche	*hostile takeover*
Übernahme, freundliche	*friendly takeover*
Umsatz	*turnover*
Unternehmensaufkauf	*buyout*
Unternehmensgruppe	*conglomerate*
Unternehmenszusammenschluss	*amalgamation*
Verkaufsabteilung	*sales department*
Vertretung	*representative office*
Vertriebsabteilung	*marketing department*
Verwaltung	*administration*
Vorstand	*board (of directors)*
Zentrale	*headquarters*

Auftrag, Bestellung & Co.

Die häufigsten Aufgaben des Büroalltags werden Ihnen sicher geläufig sein: Da müssen Bestellungen abgewickelt, Aufträge bestätigt und ausgeführt oder Informationen über Preise und Versandbedingungen eingeholt werden. Die wichtigsten Worte und Wendungen rund um diese Bereiche finden Sie in diesem Kapitel – auch für den Fall, dass einmal nicht alles glatt läuft und Sie eine Mahnung oder Beschwerde formulieren müssen.

Anfragen

TIPP
Bereiten Sie sich bei Auftragserstellungen besonders gut auf das Telefonat vor. Üben Sie kleinere Dialoge mit Freunden.

Nicht selten werden Sie Anfragen an eine Firma stellen müssen, um zum Beispiel unverbindliche Informationen einzuholen, sich nach konkreten Möglichkeiten einer Zusammenarbeit zu erkundigen oder eine Bestellung aufzugeben. Dies geht im Englischen mit den richtigen Redewendungen nicht viel anders als im Deutschen.

Fallbeispiel 1: Michael Hermann ruft in einer britischen Firma an, um sich nach Möglichkeiten der Zusammenarbeit zu erkundigen.

Hermann: *Good morning, this is Michael Hermann from AVC Germany speaking. I would like to speak to the person who is responsible for international trade, please.*

Zentrale: *That would be Mr Roberts. Just a moment, please. I'll put you through.*

MERKE: Machen Sie bei Auftragserstellungen Ihr Anliegen klar, indem Sie sich zunächst kurz vorstellen und dann unmittelbar die Bestellung oder Anfrage folgen lassen. Hinterlassen Sie für Rückfragen Ihre persönliche Telefonnummer am Arbeitsplatz. Nutzen Sie auch zwei Informationswege für eine Anfrage, zum Beispiel Telefon und E-Mail.

Hermann: *Good morning, Mr Roberts. My name is Michael Hermann from AVC Germany. We are a manufacturer of typewriters and would be interested in importing machine parts from the UK. Could you send me a price-list, so that I can get a good overview of your product range and prices?*

Roberts: *Yes, of course, Mr Hermann. If you could just give me your e-mail-address, then I'll send it to you immediately.*

Fallbeispiel 2: Sabine Schuster schreibt eine E-Mail an die Firma Hudson & Co. in New York und bittet um allgemeine Informationen über das Unternehmen.

(Betreffzeile des E-Mail-Programms):
Information about your company

Dear Sir or Madam,

As the sales manager of Huber & Söhne I am interested in your company and its products. Do you have a company brochure that you could send me? Many thanks in advance.

Yours faithfully,
Sabine Schuster

Fallbeispiel 3: Der Gabelstapler der Firma Huber & Söhne, ein britisches Fabrikat, ist kaputt und soll repariert werden. Katja Große bittet die Firma Lift & Co. um eine Inspektion und einen Kostenvoranschlag.

Dear Sir or Madam,

Request for an estimate: Repairs to a fork lift

Our fork lift, made by your company in 1999 (serial number 2345), is no longer working properly. There seems to be something wrong with its engine, as it sometimes stops without any apparent reason.

We would be very grateful if you could send a technician to inspect the fork lift and to make an estimate as soon as possible.

Please ring me on extension 234 to make an appointment.
Thank you very much for your help.

Yours faithfully,
Katja Grosse

Fallbeispiel 4: Sabine Schuster möchte bei der Firma Hudson & Co. ein Produktmuster bestellen.

Request for a sample

Dear Ms White,

I would like to order a sample of your product FDT 123 to inspect it for future use in our company. Would it be possible to deliver this by 18 March, 2004?

I would be very grateful if you could confirm receipt of this order in writing and notify us of the exact delivery date as soon as possible.

Thank you very much for your help.

Yours sincerely,
Sabine Schuster

Angebote

Vielleicht erkundigt sich aber auch eine britische oder amerikanische Firma nach einem Ihrer Produkte oder möchte eine Geschäftsbeziehung zu Ihnen aufbauen. In diesem Fall müssen Sie Ihrem neuen Geschäftspartner ein Angebot machen.

Fallbeispiel: Andreas Klein unterbreitet der Firma PL Nice Ltd. ein Angebot über die Lieferung von Maschinenteilen.

Dear Ms Owens,

Your enquiry of 23.06.03 / Our offer

With reference to your enquiry of 23.06.03 we are able to make the following offer: The machine parts will be delivered by 30 September 2003 at the price of EUR 315.22 (including VAT, shipment and insurance).

Will this offer be acceptable to you?

Thank you for your interest in our products.

Yours sincerely,
Andreas Klein

Preise

Bei Preisverhandlungen gilt es besonders sorgfältig vorzugehen, denn schließlich soll ja das Beste für Sie dabei herausspringen. Die wichtigsten Worte und Wendungen rund um das Thema »Preis« erfahren Sie in diesem Abschnitt.

Fallbeispiel 1: Andreas Klein handelt mit Sally Owens den Preis für diverse Maschinenteile aus.

Klein: *Please let us have your best price for these engine parts.*

Owens: *Well, Mr Klein, our lowest price is EUR 4.50 per piece.*

Klein: *This seems to be a little on the high side. Could you tell me if there is a quantity discount?*

Owens: *There is indeed, but only for quantities of 150 and over. Then you would get a 5% discount.*

Klein: *I'll have to check if we can increase our order. I'll ring you back in about an hour.*

TIPP
Gehen Sie bei Preisverhandlungen höflich und bestimmt vor. Eine geeignete Formulierung ist zum Beispiel »Do bear in mind that«.

Owens: *Thank you. But please, Mr Klein, do bear in mind that when a company offers a very low price the quality is often inferior. We refuse to compromise on the quality of our products, so they are a little more expensive.*

Fallbeispiel 2: Andreas Klein hat das Angebot überprüft und ruft zurück.

Klein: *Well, Ms Owens, I have checked your offer and we can indeed increase our order. If we agree, we hope you would reciprocate by a very fast delivery.*

Owens: *That seems to be a reasonable compromise. Now that you've got all the information, are you able to place an order?*

Klein: *I'll send you my order in writing as soon as possible.*

Auftragsbestätigung

Ist ein Auftrag bei Ihnen eingegangen, so sollten Sie diesen stets schriftlich bestätigen. Die passenden Wendungen finden Sie hier.

Fallbeispiel: Sandra Schneider bestätigt eine Bestellung der Firma Hudson & Co.

> **Your order of 14.05.03 / Order no. 123456**
>
> Dear Mr Green,
>
> Thank you very much for your order of 14 May, 2003, which will be processed immediately. We are happy to inform you that the goods will be delivered by 10 June, 2003. If you have any further questions, do not hesitate to contact us.
>
> Yours sincerely,
> Sandra Schneider

Transport und Versand

Transport- und Versandbedingungen auszuhandeln erfordert ein sehr spezielles Vokabular. Sie müssen sich gründlich über Ein- und Ausfuhrbestimmungen informieren.

Fallbeispiel: Andreas Klein klärt mit Sally Owens die Versandbedingungen der Maschinenteile.

Owens: *OK, Mr Klein, the engine parts will be sent to you by plane.*

Klein: *I'm afraid this will be too expensive. It will be perfectly alright for us if you could send them overland.*

Owens: *Yes, that's possible as well. Would you like carriage by rail or by lorry?*

Klein: *What would be more expensive?*

Owens: *Well, the lorry would obviously be the more expensive solution. But it would also mean that the goods could be transported from door to door by one lorry. If we arrange for carriage by rail, we would have to find a way to convey the goods from our warehouse to the station and then again form the station in Munich to your production plant. So a lorry would be slightly more expensive but ultimately the most convenient means of transport.*

Klein: *OK then, we'll get a lorry. Could you tell me how much the loading and freight charges will be? And what kind of insurance is included in this price?*

Zahlungen und Bank

Versuchen Sie beim Zahlungsverkehr herauszufinden, welche Zahlungsmethode für beide Seiten die günstigste ist. Bei Überweisungen ins Ausland fallen nämlich häufig hohe Überweisungsgebühren an.

TIPP

Schicken Sie einen Scheck nach Großbritannien, so schreiben sie »a/c payee« (nur an Empfänger) darauf. So stellen Sie sicher, dass niemand sonst Ihren Scheck einlösen kann.

Fallbeispiel: Rechnung für einen Videorekorder

Invoice

Your order of 23.04.03 (video cassette recorder) / Order no. 3456

Number	*Article no.*	*Article*	*Price*
1	*12345*	*video cassette recorder*	*125.00 EUR*
		VAT 16 %	*20.00 EUR*
		shipping costs	*5.00 EUR*
		Total	***150.00 EUR***

Please make your cheque payable to account number 77 88 99 at Stadtsparkasse Augsburg, bank sorting number 720 500 00. Thank you very much for your order.

Yours sincerely,
Hannelore Schmidt

Mahnungen, Verzögerungen und Probleme

Lieferverzögerungen, fehlende Zahlungseingänge – bei Aufträgen und Bestellungen kann eine Menge schief gehen. Auch hier heißt es, angemessen zu reagieren, denn Sie wollen schließlich zu Ihrem Recht kommen beziehungsweise den Geschäftspartner nicht unnötig verärgern.

Fallbeispiel 1: Die Firma PL Nice Ltd. hat eine ausstehende Rechnung immer noch nicht beglichen und bekommt deshalb eine Mahnung.

Dear Ms Hanson,

1st reminder / Your order of 23.04.03 (video cassette recorder)

We would like to remind you that payment for the video cassette recorder you ordered on 23.04.03 has not yet arrived at our account at Stadtsparkasse Augsburg.

We therefore request that you make the payment of EUR 150.00 by 10 July, 2003 at the latest.

Yours sincerely,
Hannelore Schmidt

Fallbeispiel 2: Sabine Schuster muss Ihren Geschäftspartner über eine Lieferungsverzögerung informieren.

Dear Mr Anderson,

Delay in delivery

We regret to inform you that due to a strike in our production plant we will not be able to deliver your goods by 31 August, 2003. We estimate that there will be a delay in delivery of approximately two weeks. We will notify you of the new delivery date as soon as possible.

We apologise for any inconvenience this may cause you.

Yours sincerely,
Sabine Schuster

Beschwerden

TIPP
Greifen Sie nicht in Wut zum Telefonhörer, sondern warten Sie, bis Sie sich wieder beruhigt haben. Sie werden die Lage dann klarer sehen.

Leider läuft nicht immer alles nach Plan: Eine Lieferung ist unvollständig, beschädigt oder der Liefertermin verzögert sich so sehr, dass die Bestellung hinfällig wird. In all diesen Fällen müssen Sie sich bei Ihrem Geschäftspartner beschweren. Ob Sie das mündlich oder schriftlich tun, bleibt Ihnen überlassen – wichtig ist vor allem, dass Sie höflich und sachlich bleiben und nicht die Beherrschung verlieren.

Fallbeispiel: Sabine Schuster hat eine beschädigte Lieferung erhalten.

Your delivery of 15.02.2004

Dear Ms Hemmings,

Thank you for your delivery of 300 light bulbs.

Unfortunately, the delivery was so badly packaged that the goods were damaged on arrival in our company.

We are returning these goods for you inspection. Please replace them as soon as possible.

Thank you for your help.

Yours sincerely,
Sabine Schuster

MERKE: Den passenden Wortschatz rund um Bestellung, Auftrag & Co. können Sie sich leicht durch Wörterbücher aneignen. Wichtig ist, dass Sie Ihre Position sicher vertreten. Ihren Standpunkt können Sie nur durchsetzen, wenn Sie sich in der Fremdsprache gewandt ausdrücken.

Wortschatz

Rund um Anfragen und Bestellungen

▸ Hiermit bestelle ich zum nächstmöglichen Zeitpunkt die folgenden Artikel.	*I would like to order the following articles as soon as possible.*
▸ Bitte lassen Sie uns auch Ihre Geschäftsbedingungen zukommen.	*Please let us know your terms of trade.*
▸ Hiermit bestelle ich den Stuhl Lazy.	*I would like to order the Lazy chair.*
▸ Ich bestelle die folgenden Waren aus Ihrem aktuellen Katalog: ...	*I would like to order the following goods from your latest catalogue: ...*
▸ Bitte liefern Sie umgehend.	*Please deliver as soon as possible.*

Rund um das Angebot

▸ Wir könnten Ihnen ... anbieten	*We'd be able to offer you ...*
▸ Das ist ein wirklich interessantes Angebot.	*That's certainly a very interesting proposal.*

▸ Können Sie mir ein Angebot machen/unterbreiten?	*Can you give me a quotation?*
▸ Wir freuen uns über Ihr Interesse an unserem Produkt und unterbreiten Ihnen gerne das folgende Angebot.	*We appreciate your interest in our product and are glad to submit the following quotation.*
▸ Dies sind leider die besten Bedingungen, die wir Ihnen anbieten können.	*I'm afraid these are the best terms we can offer.*
▸ Dieses Angebot ist vierzehn Tage gültig.	*This offer is firm for 14 days.*
▸ Dieses Angebot ist freibleibend.	*The offer is without engagement.*
▸ Die Preise sind unverbindlich.	*The prices are subject to change.*
▸ Unsere Preise sind sehr wettbewerbsfähig.	*Our prices are very competitive.*

Preise aushandeln

▸ Wir können Ihnen einen Rabatt von 10 % auf unseren Katalogpreis gewähren.	*We can grant you a discount of 10 % on our catalogue prices.*
▸ Wenn Ihr Auftrag bis 15.03. bei uns eingeht, können wir Ihnen einen Rabatt von 15 % geben.	*If your order reaches us by 15 March, we can give you a 15 % discount.*
▸ Für Mengen ab 150 Stück gibt es einen Rabatt. Er beträgt 10 %.	*There's a quantity discount for 150 and over. That's 10 %.*
▸ Bei Barzahlung gewähren wir 3 % Skonto.	*There's a 3 % cash prompt payment discount.*

▸ Ich überprüfe das und komme dann wieder auf Sie zu.	*I'll check that and get back to you.*
▸ Es würde mich überraschen, wenn Ihnen eine andere Firma ein preiswerteres Angebot machen könnte.	*I would be surprised if another company was able to offer you better value.*
▸ Wir wären bereit, Ihnen einen Preisnachlass zu gewähren, wenn ...	*We would be prepared to give you a reduction on the condition that ...*

Aufträge bestätigen

▸ Vielen Dank für Ihre Bestellung vom 23.04.2003.	*Thank you for your order of 23.04.03.*
▸ Wir freuen uns, Ihnen mitteilen zu können, dass wir Ihre Bestellung bis zum 17.03.2004 ausliefern werden.	*We are happy to inform you that we will deliver your order by 17 March, 2004.*
▸ Wir garantieren Ihnen, dass Ihre Bestellung pünktlich ausgeführt wird.	*We guarantee that your order will be processed promptly.*
▸ Mit Bezug auf unser Telefonat vom 27.08.2003 teilen wir Ihnen mit, dass wir den Auftrag Ihrem Wunsch entsprechend ausführen werden.	*With reference to our telephone conversation of 27.08.03, we would like to inform you that we will carry out your order as per your wishes.*
▸ Wir werden bis zum 13.09.2003 die Lieferung veranlassen.	*We will arrange for delivery by 13.09.03.*
▸ Alle Bestellungen, die bis zum 19.12.2003 bei uns eingehen, werden wir noch in diesem Jahr ausliefern können.	*All orders received by 19.12.03 will be delivered by the end of the year.*

▸ Bitte bestellen Sie in Zukunft nur noch schriftlich.	*In future, please place orders in writing only. / In future, we will only be able to accept written orders.*

Rund um Transport und Versand

▸ Bitte veranlassen Sie die Abholung der Lieferung.	*Please arrange for collection of the delivery.*
▸ Die Lieferung erfolgt frei Haus.	*There are no delivery charges.*
▸ Im Preis sind Fracht und Versicherung enthalten.	*The prices include freight and insurance.*

Zahlungsverkehr

▸ Bitte zahlen Sie per Scheck.	*Please pay by cheque (US: check).*
▸ Bitte zahlen Sie per Überweisung.	*Please pay by transfer.*
▸ Bitte zahlen Sie bar.	*Please pay in cash.*
▸ Bitte zahlen Sie mit Kreditkarte.	*Please pay by credit card.*
▸ In der Anlage finden Sie eine Einzugsermächtigung.	*Please find enclosed a standing order for direct debit.*
▸ Bitte zahlen Sie das Geld auf unser Konto ein.	*Please pay the money into our account.*
▸ Bitte bezahlen Sie die Ware bei Empfang bar.	*Please pay in cash upon receipt of the goods.*
▸ Bitte legen Sie Ihrer Bestellung einen Internationalen Antwortschein bei.	*Please enclose an international reply coupon with your order.*

- In der Anlage finden Sie unsere Zahlungsbedingungen. — *Enclosed you will find our terms of payment.*
- Zahlungstermin ist der 06.07.2003 — *Date of payment is 6 July, 2003./ The payment is due by 6 July, 2003.*
- Die bestellte Ware bleibt bis zur vollständigen Bezahlung Eigentum unserer Firma. — *The ordered goods remain the property of our company until payment is complete.*
- Für eine Bestellung von Waren in dieser Höhe benötigen wir eine Anzahlung. — *We require a deposit for orders of goods at this price.*

Mahnungen, Verzögerungen und Probleme

- Wir fordern Sie auf, die Rechnung in Höhe von 125,13 Euro sofort zu begleichen. — *We demand that you settle the account of 125.13 euros immediately.*
- Wir erinnern Sie daran, dass Sie die Rechnung vom 15.07.2003 bis heute nicht bezahlt haben. Wir bitten Sie, dies bis zum 03.09.2003 nachzuholen. — *We would like to remind you that you have yet to settle the account of 15.07.03. Please rectify this by 03.09.03.*
- Die Bestellung kann leider nicht in dem gewünschten Zeitraum ausgeführt werden. — *The order cannot be processed in the time requested.*
- Sollte sich die Lieferung weiter verzögern, so werden wir unsere Bestellung stornieren. — *Any further delay in delivery will lead to our order being cancelled.*
- Die Lieferung wird sich leider noch eine Woche verzögern. — *Unfortunately, the delivery will be delayed by another week.*

▸ Wir bedauern die Verzögerung außerordentlich und möchten uns für die entstandenen Unannehmlichkeiten entschuldigen.	*We deeply regret the delay and would like to apologise for any inconvenience.*

Rund um Beschwerden

▸ Die Lieferung war schlecht verpackt.	*The delivery was badly packaged.*
▸ Die Waren sind beschädigt in unserer Firma eingetroffen.	*The goods were damaged on arrival in our company.*
▸ Die Lieferung ist leider unvollständig angekommen.	*Unfortunately, the delivery was incomplete.*
▸ Ihr Lieferverzug bringt uns in eine schwierige Lage.	*Your delay in delivery places us in a difficult position.*
▸ Wegen Ihrer schlechten Zahlungsmoral werden wir keine Bestellung Ihrer Firma mehr annehmen können.	*Due to your reluctance to pay we will no longer accept orders from your company.*

Vokabelliste: Rund um Bestellung, Auftrag & Co.

Preise

Einkaufspreis	*wholesale price*
Einzelhandelspreis	*retail price*
Handelsrabatt	*trade discount*
Handelsspanne	*profit margin*
Ladenpreis	*retail price*
Mehrwertsteuer	*value-added tax (VAT)*
mehrwertsteuerfrei	*zero rated*
Mengenrabatt	*quantity discount*
Preisaufschlag	*mark-up*

Preis ab Werk	*factory price*
Preisfestsetzung	*pricing*
Preisnachlass	*mark-down, price reduction*
Skonto	*cash discount*
Stückpreis	*unit price*
Verhandlungsbasis	*basis for negotiation*

Transport und Versand

befördern	*to carry, to convey, to haul, to transport, to ship*
Beförderung	*carriage, conveyance*
Bahn	*rail, railway (US: railroad)*
Gütertransport per Bahn	*carriage/transport by rail*
Flugzeug	*aircraft, plane*
Fracht	*freight*
Frachtflugzeug	*freight plane*
Frachtgebühr	*carriage (fee), carrier's charges*
Frachtversicherung	*freight insurance*
Güterfernverkehr	*long distance road haulage*
Güterkraftverkehr	*freight haulage*
Gütertarif	*freight rates*
Kaskoversicherung	*hull insurance*
Ladung	*cargo, load*
Landweg; auf dem Landweg	*overland*
Lastkraftwagen	*lorry (US: truck)*
Lieferwagen	*van*
Luftfrachtbrief	*air consignment, air way bill*
Schifffahrtsgesellschaft	*shipping company*
(See-)Frachtbrief	*bill of lading*
Seeschiff	*seagoing vessel*
Spediteur	*forwarding agent*
sperrig	*bulky*
Straßentransport	*road haulage, road transport*
Transport von Haus zu Haus	*door to door transport*

Transporthaftung	*carrier's liability*
Transportkosten	*transport costs*
Transportvertrag	*contract of carriage*
Transportweg	*transport route*
Verladegebühren	*loading charges*
verladen	*to load*
Versand	*dispatch*
Versanddatum	*date of dispatch*
Warensendung	*consignment, shipment*
zerbrechlich	*fragile*

Zahlungsverkehr

Anzahlung	*deposit*
Ausgleich (einer Rechnung)	*settlement*
Bankauszug	*bank statement*
Bankleitzahl	*bank sorting code*
Bargeld	*cash*
bargeldloser Zahlungsverkehr	*bank giro credit system*
Betrag	*amount*
Blankoscheck	*blank cheque (US: check)*
Dauerauftrag	*standing order*
Fälligkeitsdatum	*due date*
Geldautomat	*cash dispenser, cashpoint (US: ATM = automatic teller machine)*
Geldschein	*bill (US: note)*
Giro-/laufendes Konto	*current/checking account*
Karteninhaber	*card holder*
Konto	*account*
ein Konto belasten	*to debit an account*
ein Konto überziehen	*to overdraw*
einem Konto gutschreiben	*to credit to an account*
Kontonummer	*account number*
Kreditkarte	*credit card*

Provision	*commission*
Rabatt	*discount*
Raten	*instalments*
Ratenzahlung	*hire-purchase*
Scheck	*cheque (US: check)*
einen Scheck einlösen	*to cash a cheque*
einen Scheck ausstellen	*to make out a cheque*
Scheckkarte	*cheque guarantee card*
übertragbar (Scheck)	*negotiable*
überweisen	*to transfer*
Verrechnung	*clearing*
Verrechnungsscheck	*crossed cheque*
Wechselkurs	*exchange rate*
Zahlung	*payment*
Zahlungsempfänger	*payee*
zahlungsunfähig	*insolvent*

Bestellungen und Aufträge

Anfrage	*request*
Angebot	*offer, proposition*
Artikelnummer	*article number*
ausverkauft	*out of stock*
Beschwerde	*complaint*
Bestätigung	*confirmation*
bestellen	*to order*
Bestellung	*order*
eine Bestellung ausführen	*to process an order*
Bestellnummer	*order number*
Kostenvoranschlag	*estimate*
liefern	*to deliver*
Lieferung	*delivery*
Mahnung	*reminder*
Rechnung	*invoice*

Eigene Firma und Tätigkeit vorstellen

Ob Sie eine Geschäftsreise ins Ausland machen oder am Telefon mit Ihrem Geschäftspartner plaudern – sicher werden Sie über Ihre Firma und Ihre Tätigkeit sprechen müssen. Die folgenden Worte und Wendungen können Ihnen dabei helfen.

Fallbeispiel: Katja Lange beschreibt kurz ihre Firma und ihren Tätigkeitsbereich.

Lange: *Neuhauser GmbH is one of the major importers of electronic goods in Germany. Our main operations are in the TV and DVD sector. I'm in the public relations department, so my job is to make sure that everybody in Germany knows about our products and where to get them.*

Vokabelliste
Firmen- und Tätigkeitsbeschreibungen

Abteilung	*department*
Abteilungsleiter	*head of department*
Aufsichtsratsvorsitzender	*chairman of the board*

Auszubildender	*trainee*
Branche	*industry*
Buchhalter	*accountant*
EDV-Abteilung	*data processing department*
Einkaufsleiter	*purchasing manager*
Einzelhändler	*retailer*
Geschäftsführer	*managing director, CEO*
Großhändler	*wholesaler*
handeln mit	*to deal in*
Handelsvertreter	*representative*
herstellen	*to produce*
Hersteller	*producer*
importieren	*to import*
Kette	*chain*
konzipieren	*to design*
Kundenberatung	*customer service*
Kundendienst	*after-sales service*
Leitender Angestellter	*manager, executive*
Lieferant	*supplier*
Montage	*assembly*
Öffentlichkeitsarbeit	*PR (public relations)*
Personalleiter	*personnel manager*
persönlicher Assistent	*PA (personal assistant)*
Produktionsleiter	*production manager*
Prokurist	*authorised signatory, person holding full power of attorney*
Stellvertreter	*deputy*
Telefonzentrale	*switchboard*
Unternehmensberater	*management consultant*
Vertriebsleiter	*marketing manager*
Vorstandsmitglied	*board member, director*
Vorstandsvorsitzender	*chairman/chairwoman/ chairperson, chief executive officer (CEO), president (US), managing director (GB)*
Werbeleiter	*advertising manager*

Reisen und Messen

Geschäftsreisen ins Ausland sind eine aufregende Sache: Sie müssen nicht nur Termine vereinbaren, Flüge oder Bahnfahrten buchen und ein Hotelzimmer reservieren, sondern haben es oft auch noch mit fremden Gepflogenheiten und unbekannten Örtlichkeiten zu tun. Bereiten Sie sich daher gründlich vor – auch in sprachlicher Hinsicht. Die wichtigsten Wendungen zum Thema »Reisen und Messen« finden Sie in diesem Kapitel.

Terminvereinbarungen

Wenn Sie eine Geschäftsreise ins Ausland oder einen Messenbesuch planen, so sollten Sie Gesprächstermine bereits vorab vereinbaren. Damit verhindern Sie, dass sie diese Reise vergebens auf sich genommen haben, weil Ihr gewünschter Gesprächspartner nicht da ist.

TIPP

Je höher der Rang Ihres Ansprechpartners ist, umso zeitiger sollten Sie einen Termin ausmachen.

Fallbeispiel: Claudia Müller vereinbart einen Termin mit ihrem schottischen Geschäftspartner Charles Mackenzie.

Mackenzie:	*Charles Mackenzie speaking. How can I help you?*
Müller:	*Good morning, Mr Mackenzie. This is Claudia Müller from Huber & Söhne. I would like to make an appointment with you for the London Fair next month.*
Mackenzie:	*Let me check my diary. Shall we say Tuesday, 10 a.m.?*
Müller:	*Yes, that would be fine. Where shall we meet?*

Mackenzie: *Our stand number is 3 B 16. I think it would be most convenient to meet there.*

Müller: *Let me repeat that. Tuesday, 10 a.m. stand number 3 B 16. Is that correct?*

Mackenzie: *Yes, that's correct. I'll see you in London then. Goodbye.*

Reservierungen

Ganz egal, ob es sich um ein Hotelzimmer, einen Flug oder eine Karte für die Oper handelt – nicht selten werden Sie eine Reservierung auf Englisch durchführen müssen. Wie das geht, erfahren Sie in diesem Abschnitt.

Fallbeispiel: Helga Mayer reserviert ein Hotelzimmer für Andreas Klein.

Hotel: *Sunshine Hotel, good morning. How can I help you?*

Mayer: *Do you have a single room for three nights from 19th to 22nd September?*

Hotel: *Yes, we do have a room available for you. It is 120 pounds a night including breakfast. Would you like to make a reservation?*

Mayer: *Yes, please, the name of the guest is Mr Andreas Klein.*

Hotel: *And will Mr Klein be paying cash or by credit card?*

Mayer: *By credit card, and there's one more thing. Mr Klein won't be arriving in London until 10 p.m. Is that ok with you?*

Hotel: *Yes, of course, we will keep the room for him.*

Mayer: *Thank you very much.*

Verkehrsmittel

Bei einer Geschäftsreise werden Sie auf verschiedene Verkehrsmittel zurückgreifen müssen. Sie reisen beispielsweise mit dem Flugzeug oder der Bahn an und steigen dann auf die öffentlichen Verkehrsmittel um. Vielleicht mieten Sie sich aber auch ein Auto, zum Beispiel weil Sie mehrere Termine in verschiedenen Städten haben.

TIPP

An Bushaltestellen oder auch am Flughafen gilt in angelsächsischen Ländern: Schlange stehen! Drängelei wird gar nicht gerne gesehen – dasselbe gilt auch für Postämter und Supermärkte.

Die einfachste – aber auch die teuerste – Möglichkeit, in einer unbekannten Stadt schnell ans Ziel zu kommen, ist immer noch das Taxi. Überall können Sie Taxis sowohl vorbestellen als auch auf der Straße anhalten. Vergessen Sie auch hier nicht, sich in die Schlange einzuordnen! Für das Trinkgeld, das Sie auf jeden Fall geben sollten, runden Sie beim Bezahlen den Betrag um 15 bis 20 Prozent auf.

Fallbeispiel 1: Sabine Schuster möchte einen Flug nach Glasgow buchen.

Schuster: *I'd like to book a flight to Glasgow for next Thursday, please. I have to be there at 3 p.m.*

Reisebüro: *Let me see. There's a British Airways flight that leaves London Heathrow at 12.15 p.m. and arrives in Glasgow at 1.20. Is that ok for you?*

Schuster: *Yes, that's fine. How much is the flight, please?*

Reisebüro: *It's 90 pounds single. What about the return flight?*

Schuster: *I'm afraid I don't know yet how long I'm going to stay in Glasgow. I'll book the return flight separately.*

Reisebüro: *That's alright. Here's your ticket. Check-in time is one hour before take-off.*

Schuster: *Do you know if there's a bus from the airport to the city centre in Glasgow?*

Reisebüro: *Yes, there is a bus that takes you from the airport to Central Station.*

Schuster: *Thank you very much for your help. Goodbye.*

TIPP
In Australien nehmen allein reisende Fahrgäste neben dem Taxifahrer Platz.

Fallbeispiel 2: In Glasgow nimmt sich Sabine Schuster ein Taxi vom Flughafen zur Firma Nessie & Co.

Schuster: *Are you free? I'd like to go to Nessie & Co. in Rose Street, please.*

Am Ende der Fahrt:

Schuster: *How much is that, please?*

Taxifahrer: *That's 13 pounds, please.*

Schuster: *Make it 15, please.*

Taxifahrer: *Thank you very much.*

Schuster: *Could I have a receipt, please?*

Taxifahrer: *Yes, of course. Here you are. Goodbye.*

TIPP

In Großbritannien heißt das Erdgeschoss »ground floor«, in den USA wird es schon als »first floor« bezeichnet.

Im Hotel

Auf einer Geschäftsreise hinterlassen Sie mit den folgenden Wendungen sprachlich einen guten Eindruck.

Fallbeispiel: Andreas Klein trifft in seinem New Yorker Hotel ein.

Klein: *Hello, my name is Andreas Klein.*
I've booked a room for three nights.

Rezeption: *Let me see. Oh yes, here it is. You're in room 219. That's on the third floor. And here's your key.*

Klein: *Thank you. When do you serve breakfast?*

Rezeption: *Breakfast is from seven to ten thirty. The dining room is just to your right.*

Klein: *Thank you very much.*

Rezeption: *You're welcome. Enjoy your stay.*

MERKE: **Wenn Sie in aller Früh noch keine Lust auf Schinken oder Würstchen haben, so sollten Sie kein »full English breakfast«, sondern ein »Continental breakfast« bestellen, dann erhalten Sie Toast, Butter und Marmelade (»jam«).**

Messevorbereitungen

Ganz egal, ob Sie eine Messe nur besuchen, um sich mit einem ausländischen Geschäftspartner zu treffen, oder ob Ihre Firma dort mit einem eigenen Stand vertreten sein wird – Sie müssen eine Menge Vorbereitungen treffen. So gilt es, Termine zu vereinbaren, Hotelzimmer zu reservieren, die Anreise zu organisieren oder einen Stand auf der Messe zu buchen.

Fallbeispiel: Sabine Schuster möchte einen Stand auf einer Messe reservieren.

Schuster: *Good morning, this is Sabine Schuster from Huber & Söhne. We'd like to book a stand for the Spring Fair. When is the application deadline?*

Messegesellschaft: *It's on 17th March. I'll fax you an application form.*

Schuster: *That would be nice, thank you. We'll need a stand with an area of about 15 square metres. Is that possible?*

Messegesellschaft: *Yes, it is. Will you be bringing your own furnishings?*

Schuster: *Yes, we will. And I assume that a computer connection is provided.*

Messegesellschaft: *Yes, there's a computer connection at every stand. Is there anything else that I can do for you?*

Schuster: *Thank you, that's everything. Goodbye.*

Messegesellschaft: *We're looking forward to receiving your application. Goodbye.*

MERKE: Auch das Kofferpacken gehört zur Vorbereitung auf einen Messebesuch. Selbst wenn Geschäftsleute in den USA und Australien manchmal etwas salopp gekleidet sind, sollten Herren zumindest beim Erstkontakt einen dunklen Anzug samt Krawatte einpacken, Damen ein dezentes Kostüm und Strümpfe.

Messegespräche

Auf der Messe werden Sie eine Vielzahl von Gesprächen führen müssen. Entweder haben Sie Standdienst, sprechen dabei Kunden an und empfangen Besucher oder Sie nehmen Termine bei Geschäftspartnern wahr. In all diesen Fällen sollten Sie stets die richtigen Worte parat haben.

Fallbeispiel 1: Andrea Schneider hat Standdienst und versucht, Kunden für ihre Produkte zu interessieren.

Schneider: *Can I help you?*

Kunde: *Yes, I'm interested in the typewriter you have on display here. Could you tell me a little more about it?*

Schneider: *Well, it's our latest product. You will find the technical details on page 25 of our brochure.*

Kunde: *For me it's really important that it is easy to operate.*

Schneider: *Well, this model certainly is. Let me demonstrate it for you.*

Kunde: *When will it be available?*

Schneider: *It will be in the shops from early November.*

Kunde: *Thank you very much for your help.*

Fallbeispiel 2: Andreas Klein holt bei Martin Short einige allgemeine Informationen über dessen Firma ein, um eine mögliche Zusammenarbeit vorzubereiten.

Klein: *Good morning, Mr Short. Nice to meet you. There's a few things I would like to know about your company. How many people do you have working in your company?*

Short: *Well, Mr Klein, Green & Jones employs more than 500 people in three cities. Not bad for a company that's only two years old, is it?*

TIPP
Achten Sie bei Messegesprächen auf ein offenes und unkompliziertes Auftreten!

Klein: *That's a really amazing development. And where is your head office?*

Short: *In Manchester, that's where James Green and Stephen Jones, the founders of the company, are from.*

Klein: *What exactly is your product range?*

Short: *We'll, we produce engine parts for every engine you could possibly imagine, whether it's for an aeroplane or a tiny toy car.*

Klein: *Do you have any sales literature you could let me have?*

Short: *Yes, of course, I do. This is a brochure of our company and here we've got a list of our products and their prices. Here you are.*

Klein: *Thank you very much, Mr Short. I'll have a look at these and then I'll get in touch with you.*

Short: *Thank you very much for your interest in our company, Mr Klein. Have a nice evening. Goodbye.*

MERKE: **Bei Reisen und Messebesuchen sollten Sie nicht nur in sprachlicher Hinsicht glänzen. Auch die Kultur Ihres Gastlandes sollte Ihnen vertraut sein. Kenntnisse über Land und Leute und den praktischen Alltag in Großbritannien und Amerika können Sie sich in Reiseführern oder Seminaren theoretisch aneignen. Unternehmen Sie aber so oft wie möglich Reisen ins Ausland! Dadurch werden Sie vor allem sicherer. Je selbstbewusster Sie auftreten, desto leichter schließen Sie auch erfolgreiche Geschäfte ab.**

Wortschatz

Terminvereinbarungen

▸ Ich würde gerne einen Termin mit Herrn/Frau ... ausmachen.	*I'd like to make an appointment with Mr/Ms ..., please.*
▸ Ich möchte meinen Termin mit Herrn/Frau ... am 3. Juli bestätigen	*I'd like to confirm my appointment with Mr/Ms ... on July 3.*
▸ Leider muss ich unseren Termin verschieben	*I'm sorry, but I have to postpone our appointment.*
▸ Könnten wir das Treffen vielleicht auf 10.00 Uhr vorziehen?	*Could we perhaps bring the meeting forward to 10 a.m.?*
▸ Ich muss unseren Termin leider absagen.	*I'm afraid I have to cancel our appointment.*
▸ Wann würde es Ihnen passen?	*When would it be convenient?*
▸ Wie wäre es mit Kalenderwoche 37?	*How about week 37?*
▸ Ich muss einmal schnell in meinem Terminkalender nachsehen.	*I'll just check my diary (US: appointments calendar).*
▸ Das passt mir gut.	*That suits me fine.*
▸ Ich kann am Mittwoch leider nicht.	*I'm afraid I can't make it on Wednesday.*

Reservierungen und Buchungen

▸ Ich würde gerne ein Einzelzimmer vom 9. bis 13. Oktober reservieren.	*I would like to reserve a single room for 9th to 13th October.*

▸ Was kostet das für eine Nacht?	*How much is that per night?*
▸ Bitte schicken Sie die Rechnung an unsere Firma in München.	*Please send the bill to our company in Munich.*
▸ Herr/Frau ... wird gegen 20.00 Uhr anreisen	*Mr/Ms will arrive at around 8.00 p.m.*
▸ Ich komme ziemlich spät an.	*I'll be arriving quite late.*
▸ Können Sie bitte das Zimmer für mich freihalten?	*Could you please keep (US: hold) the room for me?*
▸ Wie viel kostet bitte ein Doppelzimmer mit Frühstück?	*How much is a double room with breakfast, please?*
▸ Beinhaltet der Preis auch das Frühstück?	*Does the price include breakfast?*
▸ Bestätigen Sie mir bitte die Reservierung per Fax.	*Please confirm the reservation by fax.*
▸ Leider muss ich das Zimmer für Herrn/Frau ... stornieren.	*I'm afraid I have to cancel the reservation for Mr/Ms ...*

Rund um die Verkehrsmittel

▸ Ich möchte gerne einen Flug nach London buchen.	*I'd like to book a flight to London, please.*
▸ Wie viel Gepäck darf man frei mitnehmen?	*How much is the luggage allowance?*
▸ Ich möchte gerne vom 11. bis 16. November einen Toyota Corolla mieten.	*I would like to hire a Toyota Corolla between 11th and 16th November.*
▸ Beinhaltet dieser Preis auch die Versicherung?	*Does this price include insurance?*

▸ Das Auto ist haftpflichtversichert.	*The car is insured for third party.*
▸ Was deckt die Versicherung ab?	*What does the insurance cover?*
▸ Ich werde das Auto am Flughafen abholen und es in der Stadt zurückgeben.	*I would like to pick up the car at the airport and return it to your city branch.*
▸ Ich werde um 18.00 Uhr landen. Steht der Wagen dann bereit?	*I will be landing at 6 p.m. Will the car be ready then?*
▸ Ich möchte gerne ein Taxi für 10.30 Uhr bestellen.	*I'd like to book a taxi/cab for 10.30 a.m.*
▸ Könnten Sie bitte so schnell wie möglich ein Taxi zu ... schicken?	*Could you send a taxi to ... as soon as possible, please?*

Im Hotel

▸ Könnten Sie meine Wertsachen in den Safe tun?	*Could you please put my valuables in your safe?*
▸ Können Sie mein Gepäck auf das Zimmer bringen lassen?	*Could you have my luggage sent up/taken up to my room?*
▸ Wann wird Frühstück serviert?	*When do you serve breakfast, please?*
▸ Wann schließt das Restaurant?	*When does the restaurant close?*
▸ Würden Sie mich bitte um 8.00 Uhr wecken?	*Could you give me a wake-up call at eight o'clock, please?*
▸ Ich würde gerne den Geschäftsführer sprechen. Ich habe eine Reklamation.	*I would like to see the manager. I have a complaint to make.*

▸ Ich möchte noch eine Nacht verlängern.	*I'd like to keep my room for another night.*
▸ Ich reise morgen ab. Könnten Sie bitte meine Rechnung fertig machen?	*I'm leaving tomorrow. Could you get my bill ready, please?*
▸ Bis wann muss ich das Zimmer räumen?	*When do I have to check out?*
▸ Schicken Sie die Rechnung bitte an meine Firma.	*Please send the bill to my company.*
▸ Würden Sie mir bitte ein Taxi für 10.00 Uhr bestellen?	*Would you please order a taxi for me for 10 o'clock?*

Messevorbereitung

▸ Wir möchten an der Ausstellung teilnehmen.	*We would like to take part in the exhibition.*
▸ Wann ist Anmeldeschluss?	*When's the application deadline?*
▸ Wie hoch ist die Standmiete?	*What's the stand rental?*
▸ Bitte nehmen Sie uns in den Ausstellerkatalog auf.	*Please list us in the catalogue of exhibitors.*
▸ Schicken Sie uns bitte den Veranstaltungskalender.	*Please send us the calendar of events.*

Messegespräche

▸ Wir haben mehrere Produkte, die Ihren Ansprüchen gerecht werden.	*We've got several products that would meet your requirements.*
▸ Könnten Sie uns ein Angebot zukommen lassen?	*Could you send us a quote?*

▶ Haben Sie sich auf bestimmte Produkte spezialisiert?	*Do you specialise in any particular products?*
▶ Wenn Sie noch mehr wissen wollen, dann rufen Sie mich doch einfach an.	*If there's anything else you would like to know, just give me a call.*
▶ Sind dies Werbegeschenke?	*Are these give-aways/freebies?*
▶ Dies ist leider ein unverkäufliches Muster.	*I'm afraid this sample is not for sale.*
▶ Haben Sie einen Prospekt für mich?	*Do you have a brochure that I could have?*
▶ Sie erhalten einen Messerabatt von 10 %.	*There's a trade fair discount of 10 %.*
▶ Hier ist meine Karte.	*Here's my card.*
▶ Ihr Ansprechpartner in dieser Frage ist eigentlich Herr/Frau ...	*The person you should talk to is Mr/Ms ...*

Vokabelliste: Rund um Reisen und Messen

Verkehrsmittel

Abflug	*departure*
Ankunft	*arrival*
Anschlussflug	*connecting flight*
Bahnhof	*station (US: train station)*
Bordkarte	*boarding pass*
Direktflug	*direct flight*
einchecken	*to check in*
Eisenbahn	*railway (US: railroad)*
Flugbegleiter	*flight attendant, cabin attendant*
Flugnummer	*flight number*

Flugsteig	*gate*
Freigepäck	*luggage (US: baggage) allowance*
Führerschein	*driving licence (US: driver's licence)*
Haftpflicht	*third party insurance*
Handgepäck	*hand luggage (US: baggage)*
Hin- und Rückflug	*return flight, round-trip (US)*
Inlandsflug	*domestic flight*
internationaler Flug	*international flight*
Kaution	*deposit*
mieten	*to hire, to rent*
Ortszeit	*local time*
Sicherheitskontrolle	*security check*
Straßenbahn	*tram*
Tankstelle	*petrol (US: gas) station, service station*
Taxistand	*taxi rank (US: taxi stand)*
U-Bahn	*underground (US: subway)*
umsteigen	*to change*
unbeschränkte Kilometerzahl	*unlimited mileage*
Verspätung	*delay*
Vollkaskoversicherung	*fully comprehensive insurance*
Zielort	*destination*
Zwischenstopp	*stopover*

Im Hotel

abreisen	*to check out*
Abreisezeit	*check-out time*
ausgebucht sein	*to be fully booked*
Buchung	*reservation*
Eingangshalle	*lobby*
Empfangspersonal	*receptionist (US: desk clerk)*
Halbpension	*half-board*

Konferenzräumlichkeiten	*conference facilities, meeting room*
Nichtraucherzimmer	*no-smoking room*
Portier	*porter*
Reinigung	*laundry service*
Speisesaal	*dining room*
Vollpension	*full board*
Zimmer mit Bad	*room with ensuite bathroom*
Zimmermädchen	*chambermaid*
Zimmerpreis	*room rate*

Auf der Messe

abbauen	*to remove, to dismantle*
Angebot	*quote*
Anmeldeformular	*booking form*
anmelden	*to register*
Anmeldeschluss	*deadline for applications*
aufbauen	*to set up, to construct*
Ausstellerausweis	*exhibitor's badge*
Ausstellerverzeichnis	*(fair) directory, list of exhibitors*
Ausstellung	*exhibition*
Ausstellungskatalog	*(official) catalogue, exhibition catalogue/directory*
Fachbesuchertag	*trade day*
Informationsstand	*enquiry desk*
Messe	*fair*
Messeausweis	*fair pass*
Messerabatt	*fair discount*
Messezentrum	*exhibition centre*
Stand	*booth, stand*
Standmiete	*rent for a stand, stand rental*

Political Correctness

Vor allem in den USA wird viel Wert auf Political Correctness gelegt – das bedeutet, dass niemand aufgrund seines Geschlechts, seiner Hautfarbe, Religion, einer Behinderung oder irgendeiner anderen Eigenschaft diskriminiert werden darf. Natürlich sind Sie kein Sexist oder Rassist, aber ist Ihnen nicht doch schon einmal eine Bemerkung wie zum Beispiel »Typisch Frau am Steuer« oder »Männer wollen doch immer nur das Eine« herausgerutscht? Solche Bemerkungen haben in Gesprächen mit Personen, die Sie nicht wirklich sehr gut kennen, nichts zu suchen und vor allem in der interkulturellen Kommunikation sollten Sie lieber jedes Wort auf die sprichwörtliche Waagschale legen, bevor Sie in ein Fettnäpfchen treten und sich so ins geschäftliche Abseits katapultieren.

Korrekte Anrede

Die Political Correctness hat sich vor allem in den USA auch in sprachlicher Hinsicht ausgewirkt. So gilt bei Frauen grundsätzlich die Anrede »Ms« (gesprochen: »Mis«, aber mit weichem s), die keine Rückschlüsse darauf zulässt, ob die Angesprochene verheiratet ist oder nicht. Nur wenn sich eine Frau explizit mit »Mrs« oder gar »Miss« vorstellt, dürfen Sie sie auch so anreden.

Hautfarbe

Für Angehörige verschiedener Hautfarben haben sich ebenfalls politisch korrekte Bezeichnungen entwickelt. Ein Weißer heißt offiziell »Caucasian«, ein Schwarzer »African American«, ein Asiate »Asian American« und ein Indianer »Native American«.

Geschlechtsneutrale Bezeichnungen

Bei Berufs- und Positionsbezeichnungen versucht man geschlechtsneutrale Bezeichnungen zu etablieren. So ist ein Vorsitzender beziehungsweise eine Vorsitzende kein »chairman« oder »chairwoman«, sondern eine »chairperson«. Statt »policeman« und »policewoman« sagt man immer häufiger »police officer«.

Behinderungen und Ähnliches

Behinderungen oder andere körperliche Nachteile werden nicht als solche bezeichnet. Ein körperbehinderter Mensch ist »physically challenged«, ein geistigbehinderter »mentally challenged«. In jüngster Zeit liest man immer häufiger die Bezeichnung »horizontally challenged«, wenn von übergewichtigen Menschen die Rede ist – passen Sie also auf, was Sie sagen und bezeichnen Sie eine Person nie als »fat«, auch wenn Ihnen dies als die einzige passende Beschreibung erscheint.

Das stille Örtchen

Auch auf der Toilette erledigt man Geschäfte, wenn auch ganz anderer Natur. Ein Amerikaner nennt eine Toilette jedoch nie beim Namen. Fragen Sie immer nach dem »restroom« oder »washroom«. An öffentlichen Orten, zum Beispiel im Flughafen, können Sie zur Not auch noch das Wörtchen »lavatory« verwenden. Das Wort »toilet« ist sowohl privat als auch offiziell tabu.

Smalltalk und geschäftliche Einladungen

Ob ein Geschäftsabschluss erfolgreich verläuft, hängt nicht nur von Ihrer fachlichen Kompetenz und Ihrem Verhandlungsgeschick ab. Ebenso wichtig ist es, auf der persönlichen Ebene einen guten Eindruck zu hinterlassen. Dies können Sie zum Beispiel mit Smalltalk erreichen – jenem unverbindlichen Geplauder, mit dem Sie eine persönliche Beziehung zu Ihrem Gesprächspartner aufbauen. Es gibt viele Gelegenheiten für den Smalltalk: vor der Präsentation oder der Besprechung, auf dem Weg vom Flughafen in die Firma, beim gemeinsamen Mittagessen oder beim abendlichen Besuch in der Kneipe. Was es dabei zu beachten gilt, erfahren Sie in diesem Kapitel.

Gespräche einleiten

Normalerweise beginnt der Gastgeber den Smalltalk. Bei einem Besuch in einer ausländischen Firma müssen Sie daher nichts weiter tun, als auf das Gesprächsangebot Ihres Gegenübers einzusteigen. Empfangen Sie allerdings selbst einen ausländischen Gast, so müssen Sie einen passenden Gesprächseinstieg finden. Hervorragend eignet sich hierzu ein Kompliment, zum Beispiel über die guten Sprachkenntnisse des Gesprächspartners. Doch auch mit Fragen nach der Anreise oder der Unterkunft haben Sie schnell ein passendes Thema für den unverbindlichen Smalltalk gefunden.

TIPP
Die drei Themen für einen gelungenen Gesprächseinstieg sind: Komplimente, Anreise und Unterkunft.

Fallbeispiel 1: Claudia Müller begrüßt ihren Geschäftspartner Charles Mackenzie, der zu einem Firmenbesuch bei Huber & Söhne in München ist.

Müller: *Good morning Mr Mackenzie. Nice to see you. How are you?*

Mackenzie: *Very well, thank you. And you?*

Müller: *I'm fine, thank you. Beautiful day, isn't it?*

Mackenzie: *Yes, it is, isn't it?*

Müller: *It has been really warm for the past few days. What's the weather like in Scotland at the moment?*

Mackenzie: *It was raining when I left and it's very windy as well. Very Scottish, in other words.*

Müller: *So this is a pleasant change for you. Would you like anything to drink?*

Mackenzie: *A glass of water, please.*

Fallbeispiel 2: Sally Owens holt Sabine Schuster vom Flughafen in Birmingham ab.

Owens:	*Hello, Ms Schuster. Nice to meet you finally. Did you have a pleasant flight?*
Schuster:	*Well, it was fine until we flew over Belgium. Then it got really bumpy because it was so windy.*
Owens:	*Oh, that's terrible. Fortunately, the weather is better over here. How long are you going to stay in Britain?*
Schuster:	*Well, after visiting your company I have another appointment in Manchester on Wednesday. I'm flying back to Munich on Thursday.*
Owens:	*Oh, then you have four days in Britain altogether. Have you made any plans for this evening yet?*
Schuster:	*No, I haven't actually. What is there to do in Birmingham?*
Owens:	*Well, we thought that we might go to the Royal Shakespeare Company in Stratford-on-Avon to see a play, The Merchant of Venice. Would you be interested in that?*
Schuster:	*That would be great. Thank you very much.*

Tabuthemen beim Smalltalk:

- Geld und Finanzen,
- Religion und Kirche,
- Politik,
- Partnerschafts- und Familienprobleme,
- persönliche Probleme, Krankheit, Tod,
- Sex.

Gute Themen für den Smalltalk:

- Familie und Kinder,
- Beruf, Ausbildung und Studium,
- Hobbys und Sport,
- Wohnort,
- Haustiere,
- Filme und Theater,
- Musik,
- Bücher,
- Urlaub und Reisen,
- Essen und Trinken.

Themen, über die Sie sprechen können oder die Sie besser meiden sollten

Smalltalk klingt so einfach, doch über was sollen wir eigentlich sprechen? Grundsätzlich gilt: Kontroverse oder verfängliche Themen haben im Smalltalk nichts zu suchen, denn hier ist die Gefahr zu groß, dass Sie Ihren Gesprächspartner brüskieren und sich so ganz schnell ins Abseits befördern.

TIPP

Beachten Sie beim Smalltalk auch die Regeln der Political Correctness. Hören Sie erst zu, um ein Gefühl für die Themen zu bekommen.

Ziel des Smalltalk ist eine positive Atmosphäre, in der sich Ihr Gegenüber mit Ihnen wohl fühlt und Sie in positiver Erinnerung behält. Und genau das ist eben extrem wichtig, wenn Sie erfolgreiche Geschäfte abschließen wollen. Plaudern Sie daher über unverfängliche Allerweltsthemen, die niemanden vor den Kopf stoßen und zu denen auch jeder etwas beitragen kann.

Für Smalltalk im Ausland sollten Sie zusätzlich Folgendes beachten: Hüten Sie sich vor pauschalen Aussagen. Nicht selten neigen wir zu Vorurteilen über gewisse Völker und Länder (zum Beispiel »Die englische Küche ist genauso schlecht wie das englische Wetter.« oder »Alle Amerikaner sind wild herumballernde Cowboys.«), weil uns entweder die Medien dieses Bild vermitteln oder wir bei Reisen einfach keine Zeit haben, um hinter die Kulissen eines Landes zu blicken und Menschen und Kultur besser kennen zu lernen.

Auch wenn Sie das eine oder andere Vorurteil bestätigt finden sollten (es regnet in England schließlich wirklich ab und zu einmal), hüten Sie sich davor, dies im Gespräch mit Ihren Geschäftspartnern anzusprechen.

Ein wichtiges Thema bei Smalltalk ist der Humor. Wenn beim Smalltalk gelacht wird, ist dies ein gutes Zeichen, denn Lachen erzeugt eine positive Stimmung. Vor allem die Briten legen viel Wert auf Humor, behaupten jedoch oft, dass die Deutschen keinen haben. Das kommt daher, dass der britische Humor sehr ironisch und sarkastisch ist – und wir damit oft nicht viel anfangen können. Verfügen Sie also über die Gabe der Ironie, so dürfen Sie diese im Smalltalk gerne einsetzen.

TIPP

Der australische Humor ist übrigens noch schwärzer und trockener als der britische – wundern Sie sich also nicht, wenn Sie Australiern begegnen!

Ein Lieblingsthema der Briten ist nach wie vor das Wetter, doch sollten Sie das Gespräch lieber nicht auf die Affären der königlichen Familie, den Euro, den Umweltschutz oder gar auf BSE bringen.

In den USA hat man die Kunst des Smalltalks praktisch perfektioniert, in der Regel wird es Ihnen hier überhaupt nicht schwer fallen, auf die Äußerungen Ihres Gegenübers einzugehen. Auch hier gilt wieder: Kritik an den USA ist tabu, auch vor Verstößen gegen die Political Correctness sollten Sie sich in Acht nehmen. Gerne gesprochen wird dagegen über Reisen nach Europa, Sport oder Hollywood.

Fallbeispiel 1: Claudia Müller plaudert mit ihrem Geschäftspartner Charles Mackenzie.

Müller: *Is this your first visit to Munich?*

Mackenzie: *No, it isn't actually. I came here when I was a student, but all we saw was the Oktoberfest.*

Müller: *Oh, I see. What did you think of it?*

Mackenzie: *Well, it's certainly worth going, but these days I prefer to have my pint in a pub. That's a little bit cheaper and a lot more quiet. But back then I really had a great time.*

Müller: *So have you planned to do some sightseeing this time?*

Mackenzie: *Yes, I would like to see the Deutsches Museum. I'm very interested in all things technical.*

Müller: *Well, then you really should go to the Deutsches Museum. I've heard that there's a special exhibition about mining at the moment. Would you be interested in that?*

Mackenzie: *Oh, yes, certainly. Do you know if the museum is open on Sundays?*

Müller: *I think it is, but I'm not sure. I'll check it for you.*

Mackenzie: *That would be lovely, thank you.*

Fallbeispiel 2: Auch Sabine Schuster und Sally Owens unterhalten sich angeregt.

Schuster: *How long have you been working for PL Nice?*

Owens: *Four years in November. I came here straight after I graduated from university.*

Schuster: *What subject did you study?*

Owens: *I have a degree in marketing, but now I'm working as an assistant to the manager, as you know.*

Schuster:	*Are you from Birmingham originally?*
Owens:	*No, I'm from London actually. I lived there until I was 18 and then I went to university in Sheffield. So I've lived in quite a few places. What about you? Have you always lived in Munich?*
Schuster:	*Yes, I have, but I'd like to move somewhere else for a change. After such a long time you feel as if you know everything about your city.*
Owens:	*I know what you mean. Well, you've made a start by coming to Birmingham, haven't you?*

Fünf goldene Regeln für den erfolgreichen Smalltalk

- Kritisieren Sie die Verhältnisse im Ausland nicht.
- Versuchen Sie nicht, andere davon zu überzeugen, dass in Deutschland alles »größer, schöner und besser« ist.
- Hüten Sie sich vor pauschalen Aussagen.
- Bedenken Sie, dass die Menschen im Ausland genauso individuell sind wie hierzulande. Genauso wenig wie Sie einen »Bilderbuch-Deutschen« kennen, werden Sie auch einen »Bilderbuch-Amerikaner« finden.
- Versuchen Sie, das typische Leben in Ihrem Gastland kennen zu lernen, und verschanzen Sie sich nicht in der Anonymität Ihres Hotels. Nehmen Sie gerne Einladungen zum Essen oder zu sonstigen Unternehmungen an. Gemeinsame Aktivitäten sind für Sie immer auch eine Möglichkeit Ihre Sprachkenntnisse zu erweitern!

Essen mit Geschäftspartnern

Verbringen Sie mehrere Tage und Nächte bei Ihrem Geschäftspartner im Ausland, so wird man Sie an den Abenden nicht alleine sitzen lassen, sondern Sie zum Essen, ins Theater oder zu einer Sportveranstaltung ausführen. Und natürlich gehört es zum guten Ton, diese Einladungen auch anzunehmen. Hiermit signalisieren Sie Ihr Wohlwollen gegenüber den ausländischen Partnern.

TIPP
In britischen wie amerikanischen Restaurants gilt »Wait to be seated« – das Personal weist Ihnen einen Tisch zu.

Um eine Reservierung, ohne die in gehobenen britischen und amerikanischen Restaurants gar nichts geht, werden Sie sich nicht kümmern müssen – das erledigt Ihr Geschäftspartner, denn schließlich ist er der Ortskundige. Passend anziehen müssen Sie sich dagegen selbst, gerade in gehobenen Restaurants wird viel Wert auf angemessene Kleidung gelegt.

Normalerweise werden drei Gänge bestellt. Vorspeise, Nachspeise und ein Dessert. Vor allem bei Geschäftsessen wird immer noch gerne Wein getrunken. Ein typisch britisches Gericht sind die berühmten »Pies«: Pasteten, die entweder in warmem Zustand (»meat pie«) mit Gemüse und Soße serviert und mit Fleisch gefüllt werden, oder süße Pasteten wie »apple pie«, der eine beliebte Nachspeise ist.

Nicht immer muss ein solches Essen im feierlichen Rahmen eines Nobelrestaurants stattfinden. Vor allem in Großbritannien ist es üblich, nach Feierabend noch schnell im Pub um die Ecke vorbeizuschauen und einen »After-Work-Drink« einzunehmen. Jeder, der schon einmal einen britischen Pub besucht hat weiß, dass dieser nur auf den ersten Blick einer deutschen Kneipe ähnelt. Doch sieht man genauer hin, so gelten dort eigene Gesetze. Machen Sie zum Beispiel nicht den Fehler, zu warten, bis Sie bedient werden – sonst sitzen Sie nämlich auf Ihrem Platz und bekommen nichts. In einem Pub holt man sich die Getränke an der Bar ab und zahlt sie auch sofort. Dabei holt sich nicht jeder sein eigenes Getränk, sondern jeder gibt abwechselnd eine Runde aus. Er zahlt also für alle Anwesenden. Je mehr Leute Sie sind, umso teurer wird das Vergnügen – und umso mehr werden Sie auch trinken! Nur sein eigenes Getränk zu zahlen, gilt als geizig und ungesellig. Getrunken wird im Pub natürlich Bier, das in »pints« (0,57 Liter) ausgeschenkt wird. Für Menschen, denen das zu viel ist, gibt es auch »half pints«.

Obwohl seit langer Zeit darüber diskutiert wird, die Sperrzeiten aufzuheben, schließen die britischen Pubs momentan noch um 23.00 Uhr (in Schottland manchmal auch etwas später). 20 Minuten vor der Sperrstunde ertönt eine Klingel und sofort rennt jeder hektisch zur Bar. Diese Klingel signalisiert die »last order«, also die letzte Gelegenheit, um sich noch schnell ein Getränk zu holen.

TIPP
In den USA wird Geschäftliches auch gerne bei einem Business Breakfast besprochen.

Auch in einem Pub kann einem manchmal der Magen knurren, doch nicht immer gibt es dort auch etwas zu essen. Die meisten Pubs servieren zwar Snacks, wie zum Beispiel Sandwiches, doch ein richtiges Restaurant gibt es nicht immer. Allerdings können Sie in jedem Pub Chips und Erdnüsse kaufen.

Fallbeispiel 1: Claudia Müller möchte mit Charles Mackenzie in München essen gehen.

Müller: *Now, Mr Mackenzie, do you have any plans for this evening? If not, I'd like to take you out for dinner.*

Mackenzie: *That sounds good to me.*

Müller: *There's a little restaurant just around the corner that does very good local cuisine. Have you ever had Bavarian food before?*

Mackenzie: *Only Bavarian beer, to be honest. But if the food is anything like the beer I should be in for a real treat.*

Müller: *I promise you, you won't be disappointed. Shall I make a reservation for seven thirty then?*

Mackenzie: *Yes, that would be fine. How will I get to the restaurant?*

Müller: *I'll pick you up at your hotel at seven. Is that ok for you?*

Mackenzie: *That's absolutely fine, thank you very much. See you tonight then.*

Fallbeispiel 2: Andreas Klein bestellt im Restaurant ein Gericht.

Ober: *Are you ready to order, sir?*

Klein: *I haven't really made up my mind yet. What would you recommend?*

Ober: *Well, today's special is steak and kidney pie with mashed potatoes, sir.*

Klein: *I think, I'll have that then.*

Ober: *Would you like a starter?*

Klein: *Oh yes, tomato soup, please.*

Ober: *And what would you like to drink, sir?*

Klein: *I'll have half a bottle of the Chardonnay, please.*

Ober: *Thank you very much.*

TIPP

Seien Sie mit Trinkgeld großzügig und geben Sie circa 15 bis 20 Prozent des Rechnungsbetrages. Runden Sie den Betrag nach oben auf.

Wortschatz

Gespräche einleiten

▸ Schön, Sie einmal persönlich kennen zu lernen.	*Nice to meet you in person.*
▸ Ich habe schon viel von Ihnen gehört.	*I've heard a great deal about you.*
▸ Wie geht es Ihnen?	*How are you?*
▸ Danke, gut. Und Ihnen?	*Very well, thank you. And you?*
▸ Hatten Sie einen angenehmen Fug?	*Did you have a pleasant flight?*
▸ Hatte der Flug Verspätung?	*Was the flight delayed?*
▸ Haben Sie auch Angst vorm Fliegen?	*Are you afraid of flying as well?*
▸ Sind Sie mit Ihrem Hotel zufrieden?	*Are you satisfied with your hotel?*
▸ Waren Sie schon einmal in München?	*Have you been to Munich before?*
▸ Wie lange werden Sie in München bleiben?	*How long are you going to stay in Munich?*
▸ Haben Sie unsere Firma gleich gefunden?	*I hope you found our company without trouble.*
▸ Haben Sie heute die Zeitung schon gelesen?	*Have you seen the papers today?*

Nützliche Fragen für den Smalltalk

▸ Was halten Sie vom deutschen Essen?	*What do you think of German food?*
▸ Was ist Ihr erster Eindruck von Berlin/Deutschland?	*What's your first impression of Berlin/Germany?*

▸ Wo genau kommen Sie her?	*Where exactly are you from?*
▸ Leben Sie schon immer in Glasgow?	*Have you always lived in Glasgow?*
▸ Was ist besonders sehenswert hier?	*What should I see while I'm here?*
▸ Wie ist das Wetter in den USA?	*What's the weather like in the States at the moment?*
▸ Wie war das Wetter beim Abflug?	*How was the weather when you took off?*
▸ Ich würde gerne meiner Familie etwas mitbringen. Können Sie mir etwas Typisches empfehlen?	*I'd like to bring something back for my family. What would you say is typical for ...?*
▸ Wie geht es Ihrer Frau?	*How's your wife?*
▸ Haben Sie Kinder?	*Do you have any children?*
▸ Wie gefällt Ihnen unsere Firma?	*What do you think of our company?*
▸ Haben Sie schon Pläne für heute Abend?	*Have you made any plans for tonight?*
▸ Würden Sie heute Abend gerne in die Oper gehen?	*Would you like to go to the opera tonight?*
▸ Haben Sie Ihren Urlaub schon geplant?	*Have you planned your holidays yet?*

Im Restaurant

▸ Haben Sie heute Abend schon etwas vor?	*Have you made any plans for this evening?*
▸ Ich möchte Sie gerne heute Abend zum Essen einladen. Haben Sie Zeit?	*I would like to take you out for dinner tonight. Do you have time?*

▸ Hier in der Nähe ist ein gutes Restaurant.	*There's a good restaurant near here.*
▸ Es gibt dort viele regionale Spezialitäten.	*They do (US: serve) very good local cuisine.*
▸ Herr Ober, könnte ich bitte die Speisekarte haben?	*Excuse me, could I have the menu, please?*
▸ Was ist das hier genau?	*Can you tell me what this is?*
▸ Was gibt es heute als Tagesgericht?	*What's today's special?*
▸ Könnten Sie mir bitte etwas Brot bringen?	*Could I have some bread, please?*
▸ Dieses Steak ist leider nicht durchgebraten.	*I'm sorry, but this steak isn't properly cooked.*
▸ Diese Runde geht auf mich. Was möchten Sie?	*This round's on me. (AUS: This is my shout.) What are you having?*

Rund ums Bezahlen

▸ Ich möchte bitte bezahlen.	*Could I have the bill (US: check), please?*
▸ Könnte ich bitte eine Quittung haben.	*Could I have a receipt, please?*
▸ Machen Sie 20.	*Make it twenty.*
▸ Stimmt so.	*Please keep the change.*
▸ Das übernehme ich.	*Let me get this.*
▸ Aber nein, Sie sind doch unser Gast.	*No, no, this is on us.*

Dank und Komplimente

▸ Sie sprechen wirklich gut Deutsch.	*Your German is very good.*

▶ Prost! Auf ein erfolgreiches Geschäft!	*Cheers! Here's to a successful deal.*
▶ Das ist sehr freundlich von Ihnen.	*That's very kind of you.*
▶ Danke für die freundliche Einladung.	*It's very kind of you to invite me.*
▶ Bitte schön.	*You're welcome. / My pleasure.*

Vokabelliste: Rund ums Restaurant

blutig (Steak)	*rare*
dunkles Bier	*bitter*
durchgebraten (Steak)	*well done*
gebacken	*baked*
gebraten	*fried*
gedämpft	*steamed*
gegrillt	*grilled (US: broiled)*
gekocht	*boiled*
geräuchert	*smoked*
geröstet	*roast*
Hauptgericht	*main course, entrée*
helles Bier	*lager*
Kellner/Kellnerin	*waiter/waitress*
Küchenchef	*chef*
medium (Steak)	*medium*
Nachspeise	*dessert (GB auch: sweet)*
Prost	*Cheers!*
roh	*raw*
Speisekarte	*menu*
Vorspeise	*starter, hors d'œuvre*
Weinkarte	*wine list*

Glossar

Bedanken: Beantworten Sie einen Dank auf Englisch nie mit »Please.«, sondern mit »Your're welcome.«, »Don't mention it.« oder »Not at all.«

Business Breakfast: In den USA wird Geschäftliches gerne beim gemeinsamen Frühstück besprochen.

Continental Breakfast: Frühstück, wie wir es gewohnt sind, sprich Toast, Butter und Marmelade, gelegentlich auch noch Cornflakes oder Müsli.

False Friend: Englisches Wort, das einem deutschen Wort ähnelt, aber etwas anderes bedeutet: Beispiel: »to become« = werden, »to spend« = ausgeben.

»Full English Breakfast«: Frühstück, das aus Cornflakes oder anderen Zerealien, etwas Gekochtem (meist »bacon & eggs«, Spiegel- oder Rührei mit Schinkenspeck) und Toast mit Marmelade und Butter besteht. Gelegentlich sind auch noch Würstchen oder »black pudding« auf dem Frühstücksteller zu finden.

Geschäftskorrespondenz: Notieren Sie sich aus englischen Briefen, die Sie bekommen, neue Formulierungen, die Ihnen nützlich sein können und verwenden Sie diese bei Ihrer eigenen Korrespondenz nach England.

Großbritannien (Englisch: »Great Britain«): Großbritannien umfasst die Länder England, Schottland und Wales.

»Ms«, gesprochen mit weichem s: Anrede für Frauen, deren Familienstand unbekannt ist.

Political Correctness: Geisteshaltung und Ausdrucksweise, durch die Minderheiten nicht diskriminiert werden.

Present Perfect: englische Vergangenheitsform, die mit »have« oder »has« gebildet wird und einen Zustand oder eine Handlung bezeichnet, die in der Vergangenheit begonnen hat, sich aber bis in die Gegenwart hineinzieht. Beispiel: »Mr Mackenzie has been living in Glasgow for ten years.«

Progressive Form: Form eines Verbs, die mit einer Form des Hilfsverbs und der Silbe »-ing« gebildet wird, zum Beispiel »he is walking«, »he has been walking«. Sie bezeichnet einen Zustand, der noch andauert.

Pub: englische Form einer Kneipe, in der man sich die Getränke an der Bar holt und gleich bezahlt. Meist werden dort auch kleine Mahlzeiten serviert. Pubbesuche mit Arbeitskollegen gehören fest zum britischen Arbeitsalltag.

Simple Form: einfache Form eines Verbs, zum Beispiel »he walks« oder »he played«. Sie bezeichnet eine regelmäßige oder einmalige Handlung.

Simple Past: englische Vergangenheitsform, die eine Handlung bezeichnet, die ganz in der Vergangenheit liegt und abgeschlossen ist. Beispiel: »Yesterday I went shopping«.

Smalltalk: unverbindliche Plauderei, meist bei gesellschaftlichen Anlässen. Er dient dazu, Beziehungen zwischen den Anwesenden herzustellen und Kontakte zu knüpfen. Wichtig ist dabei stets eine positive Grundstimmung.

Vereinigtes Königreich (Englisch: United Kingdom, UK): Das Vereinigte Königreich umfasst England, Schottland, Wales und Nordirland.

Zahlen: In den USA wird die Zahl 1 oft als gerader Strich geschrieben und bei 7 fehlt häufig handschriftlich der Balken. Deshalb wird die 1 der Europäer oft fälschlicherweise mit einer 7 verwechselt.

Adressen und Websites

- Berlitz Deutschland GmbH
  Hauptstraße 71–79
  65760 Eschborn
  Tel. 0 61 96/40 05 00
  Internet: www.berlitz.de

  Die berühmte Sprachschule bietet unter anderem *Cross-Cultural-Seminare*, die den Teilnehmern helfen, kulturelle Unterschiede zu überwinden. Über die Zusammenarbeit mit internationalen Geschäftspartnern informieren die *Business-across-Borders-Programme.*

- www.business-wissen.de
  Auf dieser Website können Sie sich über geschäftliche Gebräuche in zehn verschiedenen Ländern informieren. Eine Vielzahl an Literaturtipps und Links runden das Angebot der Website ab. Die Anmeldung ist kostenlos.

- AG Inlingua Deutschland
  Große Sandkaul 19
  50667 Köln
  Tel. 02 21/9 25 26 42
  Internet: www.inlingua.de

  Inlingua bietet Sprachkurse, die ganz auf die Bedürfnisse der Teilnehmer zugeschnitten sind und einzelne Bereiche des Business English vertiefen. Dazu gehören zum Beispiel spezielle Kurse zu Verhandlungen in der Fremdsprache.

- Internationale Corporate Communication (ICC)
  Lindenstraße 28a
  85296 Rohrbach
  Tel. 0 84 42/95 47 39
  Internet: www.intercorporatecomm.de

Auf dem Programm stehen unter anderem Seminare im Bereich *Intercultural Management* und Sprachkurse.

- Spotlight Verlag GmbH & Co. KG
  Fraunhoferstraße 22
  82152 Planegg/München
  Tel. 0 89/8 56 81-0
  Internet: www.spotlight-online.de

  Der Spotlight Verlag gibt unter anderem das Magazin *Business Spotlight* heraus, mit Hilfe dessen Sie Ihr Business Englisch auffrischen können und allerhand nützliche Informationen rund um den beruflichen Alltag in angelsächsischen Ländern erfahren. Auch der Internet-Auftritt des Magazins www. business-spotlight.de bietet Interessantes in den Rubriken *Business skills, Language work, Tests und Business press.*

- USA Concept
  Wolfratshauser Straße 102
  81379 München
  Tel. 0 89/72 30 90 78
  Internet: www.usaconcept.com

  Im Angebot findet sich *Intercultural Training* sowie Seminare zum Thema *Doing Business with ...*

- USA Forum
  Schlossbergstraße 10
  72070 Tübingen
  Tel 0 70 71/5 59 70
  Internet: www.usaforum.de

  Das USA Forum bietet unter anderem ein Seminar namens *Doing Business and Working with Americans* an.

Frequently Asked Questions

- *Was kann ich noch tun, um mein Business Englisch zu verbessern?*

  Am besten lernen Sie Englisch natürlich an Ort und Stelle, sprich: in Großbritannien, den USA, Kanada oder auch Australien oder Neuseeland. Viele Sprachreiseorganisationen bieten auch Kurse mit dem Schwerpunkt Business English an. Ihr Hörverständnis können Sie auch mit Hilfe englischer Kinofilme oder DVDs perfektionieren, Ihr Leseverständnis mit englischen Büchern oder Zeitschriften.

- *Was muss ich bei einem Telefonat beachten?*

  Wenn Sie selbst in einer britischen oder amerikanischen Firma anrufen, so sollten Sie sich korrekt melden und Ihr Anliegen auf Englisch formulieren können. Hierzu können Sie sich ruhig ein kleines »Drehbuch« mit den passenden Wendungen bereitlegen. Auch sollten Sie Ihre eigene Rufnummer hinterlassen beziehungsweise Ihren Namen buchstabieren können.

- *Welche Anrede verwende ich bei einem Geschäftsbrief?*

  Im englischen Geschäftsbrief gibt es nur eine Anrede: das Wörtchen »dear«. Ist Ihnen die angesprochene Person namentlich bekannt, so sprechen Sie sie natürlich auch mit Namen an, ansonsten schreiben Sie »Dear Sir or Madam«.

- *Was ist der Unterschied zwischen »Yours sincerely« oder »Yours faithfully«?*

  »Yours sincerely« als Grußformel am Ende eines Briefs wird verwendet, wenn Sie den Adressaten namentlich angesprochen haben, »Yours faithfully« folgt auf die unpersönliche Anrede »Dear Sir or Madam«.

- *Wie unterscheidet sich ein englischer Geschäftsbrief von einem Deutschen?*

  Vor allem in Großbritannien steht die Betreffzeile oft erst unter der Anrede. Vorsicht ist außerdem beim Datum angebracht: In den USA und Kanada gilt die Reihenfolge Monat/Tag/Jahr.

- *Was muss ich bei einer englischen Präsentation beachten?*

  In den angelsächsischen Ländern denkt man eher pragmatisch – auch im Geschäftsleben. Halten Sie sich bei einer Präsentation daher mit langen theoretischen Ausführungen oder gar ausschweifenden Monologen zurück und erläutern Sie vor allem den Nutzen oder die konkreten Schritte Ihres Themas.

- *Wie komme ich aus einem Fettnäpfchen wieder heraus?*

  Bereiten Sie sich auf Ihre Gespräche gründlich vor – so können Sie die Gefahr, in ein Fettnäpfchen hineinzutappen relativ gering halten. Ist es doch einmal passiert, so bitten Sie um Entschuldigung und versuchen behutsam, das Gespräch wieder in die richtige Richtung zu lenken.

- *Was soll ich tun, wenn die Zusammenarbeit mit dem englischen oder amerikanischen Geschäftspartner einmal nicht ganz so gut klappt?*

  In erster Linie sollten Sie versuchen, das Missverständnis aus dem Weg zu schaffen, doch kann es auch einmal nötig sein, sich beim Geschäftspartner zu beschweren. Bei der Zusammenarbeit mit einer britischen Firma sollten Sie Ihre Kritik stets sehr höflich formulieren und lieber einmal zu oft als zu wenig die Worte »I'm afraid« oder »we regret« verwenden. Auch bei Geschäften mit Amerikanern kann es nicht schaden, wenn Sie Ihre Kritik nett und freundlich zwischen zwei Komplimenten einbinden.

Register

Abkürzungen 36, 46
After-Work-Drink 115
Agenda 52, 59
Anrede, korrekte 106 f.
Anrufbeantworter, Textbeispiele 24 ff., 31
Ausdrucksfähigkeit
- mündlich 15, 17
- schriftlich 16
Bedanken 120, 122
Begrüßung 18
Behinderungen 107
Berufsbezeichnungen 107
Bewerbungsschreiben, Muster 40
Bitte und Danke 18
Büroalltag 68 ff.
E-Mails 34
Englischtest
- Adjektiv oder Adverb 9
- False Friends 10
- Present Perfect 12
- Progressive Form 11, 12
- Simple Form 11, 12
- Simple Past 12
- since oder for 11
- Word Order 8
False Friends 10, 122
Faxe 34
Fettnäpfchen 106
Firmenstrukturen 66 f.
Full English breakfast 95, 122
Geschäftsbrief 34 ff.
- Regeln, formale 34
Glossar 122
Höflichkeitsfloskeln 15, 18, 39
Hörverständnis 15, 17
How are you 18
Humor 112
Internet 12
Leseverständnis 15
Messebesuch, Kleidung 96
Mr, Mrs, Ms 35 f., 122
Musterbriefe
- Adressänderung 42
- Anfrage 41
- Angebot 72
- Auftragsbestätigung 73 f.
- Beschwerde 78
- E-Mail-Rückantwort 43
- Kostenvoranschlag 70
- Lieferverzögerung 77
- Mahnung 77
- Produktmuster bestellen 71
- Rechnung 76
Preisverhandlung 72 f.
Pub-Besuch 115 f.
Redefertigkeit 16
Redewendungen
- Anfragen 79
- Angebote 79 f.
- Anrufbeantworter 31
- Auftrag bestätigen 81
- Beschwerde 84
- Besprechung 53 ff.
- Bestellung 79
- Buchung und Reservierung 99 f.
- Büroalltag 68 ff.
- Geschäftsbesuch 48 f.
- Geschäftsessen 115 f., 119 f.
- Gesprächseröffnung 51, 58, 118
- Hotel 94, 101
- Komplimente 120
- Korrespondenz 35, 37, 44 ff.
- Meinungsverschiedenheiten 55f., 62
- Messegespräche 96, 102 f.
- Messevorbereitung 95 f., 102
- Preise aushandeln 80
- Reservierungen 91
- Smalltalk 109 f., 113 f., 118 f.
- Taxifahrten 93 f.
- Telefon 29 ff., 68
- Terminvereinbarungen 90 f., 99
- Transport, Versand 82
- Verkehrsmittel 100 f.
- Zahlungsverkehr 82 f.
- Zwischenfragen 54 f., 61
Restaurant-Besuch 115
Schlange stehen 92
Schreibweise
- Adresse 38 f.
- Datum 37 f.
Smalltalk 6, 17, 50, 108 ff.
- Tabuthemen 110
- Themen, gute 111
- Regeln, goldene 114
Tabuthemen 110
Tabuwörter 19
Taxifahrten 92
Telefonalphabet 27
Telefongespräche 20
- Anrufbeantworter 24 ff.
- Buchstabieren 27
- Büroalltag 68 ff.
- Freizeichen 22
- Jobsuche 22
- Nummern 27 f.
- Termin vereinbaren 21
- verbinden 23
- Zeitverschiebung 21
Toiletten 107
Trinkgeld 92, 117
Uhrzeit 19
Umlaute 34
Understatement 51
Unterschiede, kulturelle 6
Verabschiedung 19
Vokabeln
- Aufträge, Bestellungen 87
- Besprechungen 65
- Firmenbeschreibungen 88 f.
- Firmenstrukturen 66 f.
- Geschäftsbesuch 49
- Hotel 104 f.
- Korrespondenz 47 f.
- Messe 105
- Präsentationen 65
- Preise 84
- Restaurant 121
- Tätigkeitsbeschreibungen 88 f.
- Telefonieren 33
- Transport, Versand 85
- Verhandlungen 65
- Verkehrsmittel 103 f.
- Zahlungsverkehr 86
Vorstellung 19
Zahlen, Schreibweise 123
Zeitangaben 19